Médecin-Major de 2e Classe SAVORNIN

ANATOMIE

et

PHYSIOLOGIE

ÉLÉMENTAIRES

Résumé des Conférences

ÉCOLE NORMALE DE GYMNASTIQUE & D'ESCRIME

1911

Anatomie et Physiologie
ÉLÉMENTAIRES

Résumé des Conférences

Médecin-Major de [illegible] Classe SAVORNIN

Année 1908

NOTA

Ce Cours a pour but de poser les principes physiologiques et la description anatomique nécessaires pour la bonne compréhension du Cours de Physiologie appliquée et de l'étude du mécanisme des mouvements du Règlement de Gymnastique.

Les figures de ce Cours et du Cours de Physiologie appliquée se trouvent réunies dans un seul Atlas.

Table Méthodique des Matières

AVANT-PROPOS

Avant de confier son existence à sa machine, l'apprenti chauffeur d'automobile : 1° En analyse toutes les pièces constituantes et se rend compte de l'association de ces pièces entre elles.

2° Étudie le fonctionnement des différents organes entre eux.

3° Apprend à rémédier aux avaries du pneu, aux pannes du moteur.

Alors seulement il peut obtenir son brevet de chauffeur.

Il en est de même en matière d'éducation physique. Une gymnastique basée sur l'empirisme peut avoir des résultats fâcheux sur l'organisme humain et une méthode d'éducation physique, pour qu'elle soit digne de son nom et durable, doit être établie sur des fondations solides, scientifiques, résultant des lois de la biologie qui régissent notre machine. *Leur connaissance parfaite est d'autant plus nécessaire que l'éducateur possède entre les mains, non seulement la santé et l'existence de son élève, mais encore, d'après les lois de l'hérédité, sa descendance.*

Aussi divisons-nous notre programme d'enseignement en trois parties :

1° Dans une première partie (qui durera un mois), nous ferons l'*analyse* de la partie motrice et du foyer générateur de la machine humaine (anatomie). Au fur et à mesure de cette description, nous verrons comment les divers rouages fonctionnent individuellement (physiologie).

2° Dans une deuxième partie (trois semaines environ), nous ferons de la synthèse, de la physiologie appliquée à l'éducation physique, c'est-à-dire nous verrons le moteur en mouvement, les divers rouages fonctionner ensemble; nous étudierons comment ils s'adaptent à leur fonctionnement et quels sont les effets de l'exercice sur le corps humain, les lois de la fatigue et de l'entrainement, le rôle et l'importance de chaque segment. Nous choisirons la méthode d'éducation physique la mieux adaptée aux règles que la science nous aura tracées. Nous apprendrons à analyser nos mouvements, à utiliser le plus économiquement possible le moteur humain dans les diverses applications et après avoir classé les exercices du corps, nous en poserons les indications.

L'étude de la biologie humaine ne s'arrête pas uniquement à l'anatomie et à la physiologie; aussi essaierons-nous, en même temps, d'étudier la psychologie et la sociologie appliquées à l'éducation physique.

3° Dans une troisième partie (hygiène appliquée aux exercices), nous étudierons les pannes de la machine, les accidents locaux ou généraux. Nous apprendrons à les réparer et *surtout à les prévenir.*

Alors seulement pourrons-nous espérer obtenir le brevet de chauffeur, de mécanicien biologiste, d'*éducateur physique.*

RÉSUMÉ DES CONFÉRENCES

Chapitre Premier

Considérations Générales

1° DÉFINITIONS. — L'*anatomie humaine* a pour but l'étude de la conformation et de la structure des différentes parties du corps humain.

La *physiologie humaine* est la science qui décrit et analyse les phénomènes propres à l'homme. « *C'est la science de la vie* ».

2° ÉLÉMENTS ANATOMIQUES ET TISSUS EN GÉNÉRAL

La cellule. — Le corps humain est composé de *cellules*. Celles-ci sont les éléments essentiels, irréductibles, fondamentaux, de *tous* les êtres organisés.

La cellule (fig. 86) *unité anatomique*, se compose :

1° d'une substance gélatineuse, irritable et contractile, appelée *protoplasma*.

2° d'un corpuscule central opaque, le *noyau*.

3. d'une *membrane d'enveloppe* (parfois absente).

Cet élément *microscopique* (1 millième de millimètre) peut donc être défini « une masse microscopique de protoplasma, renfermant un noyau et parfois protégée par une membrane d'enveloppe ». Un œuf de poule donne l'idée d'une cellule considérablement grossie, le jaune représentant le noyau; le blanc, le protoplasma; la mince pellicule qui tapisse intérieurement la coque, la membrane d'enveloppe.

Si la cellule est irréductible anatomiquement parlant, elle peut être décomposée, au point de vue chimique, en principes immédiats : albumine, fibrine... qui peuvent se dédoubler à leur tour en corps simples : oxygène, hydrogène, carbone, azote, etc.

Certains êtres sont composés d'une seule cellule, et cependant ils vivent, se nourrissent, se meuvent, sont sensibles et se reproduisent.

Les cellules se reproduisent en divisant en deux parties leur noyau et leur protoplasma ; elles ont chacune deux filles. Leur forme est variable et elles se différencient, se groupent pour former certains *tissus*, si importants au point de vue de la division du travail.

Tout être organisé unicellulaire ou pluricellulaire a pour origine une seule cellule (l'*ovule* chez l'homme).

Les tissus. — Ils sont formés par des cellules disposées et configurées spécialement pour chaque tissu, et agglomérées dans une sorte de ciment appelé *substance interstitielle*.

Ce sont :

1° Le *sang* et la *lymphe* ;

2° Le *tissu épithélial* véritable couche de revêtement pour toute la surface du corps (épiderme) ou pour toutes les cavités naturelles (muqueuses) ;

3° Le *tissu conjonctif* qui est composé de fibres élastiques (fig. 87). Il est très abondant dans l'organisme où il constitue :

a, le *tissu cellulaire* qui sert de bourre (derme, tissu cellulaire sous-cutané, feutrage des viscères). C'est dans l'intérieur des cellules du tissu cellulaire que vient s'accumuler la graisse.

b, le *tissu fibreux*, tissu conjonctif très condensé et absolument inextensible constituant le périoste, les aponévroses, les tendons, les ligaments.

c, les *membranes séreuses* entourant les viscères ou tapissant les articulations (péricarde, synoviales articulaires, etc.).

4° **Le tissu cartilagineux** (cartilage de la cloison du nez, cartilages articulaires).

5° **Le tissu osseux ;**

6° **Le tissu musculaire ;**

7° **Le tissu nerveux.**

La plupart de ces tissus seront étudiés dans les chapitres suivants.

3° SYSTÈMES, ORGANES, APPAREILS. — L'ensemble de tissus identiques s'appelle *système*. Ex. : système nerveux, système osseux. L'ensemble de tissus groupés sous une forme déterminée pour accomplir un travail déterminé se nomme *organe*. Ex. : articulations, œil, foie.

Un *appareil* est l'ensemble des organes associés en vue d'une fonction générale. Ex. : l'appareil circulatoire.

Donc, notre corps humain, si parfaitement divisé au point de vue du travail, dérive d'une seule cellule, l'ovule, et est l'assemblage de tissus, d'organes, d'appareils, composés d'éléments irréductibles, les cellules.

4° DIVISION DU CORPS HUMAIN. — Le corps humain se divise en :

a, *Tête* qui comprend le *crâne* et la *face* ;

b, *Tronc* séparé par le muscle diaphragme en *thorax* ou *poitrine* et *abdomen* ;

c, *Membres.* — Les membres *supérieurs* ou *thoraciques*, organes de la préhension, sont moins volumineux, plus grêles et plus mobiles que les membres *inférieurs* ou *abdominaux*, organes de la locomotion qui sont plus solides, mais moins mobiles.

5° DIFFÉRENTES FONCTIONS DU CORPS HUMAIN. — Nous étudierons successivement :

1° la *fonction de locomotion* par laquelle l'homme se meut et qui comprend :

a, le *squelette* ;
b, les *articulations* ;
c, les *muscles* ;

2° La *fonction d'innervation* (nerfs et centres nerveux ;

3° Les *fonctions de nutrition* qui comprennent ;

a, la *circulation* }
b, la *respiration* } fonctions qui préparent la nutrition proprement dite.
c, la *digestion* }
d, les *organes d'excrétion*.

Nous laissons dans l'ombre la fonction de reproduction.

L'homme se met en relation avec le monde extérieur par la fonction de locomotion et la fonction d'innervation, que l'on appelle par conséquent *fonctions de relation*.

Les fonctions de nutrition sont les fonctions de la vie végétative et organique.

Chapitre II

Le Squelette

Le squelette est composé d'organes blanchâtres, durs et résistants : *les os.*

Etude générale des os

1° ROLE DES OS. — Ils servent de soutien aux parties molles, de leviers rigides aux masses musculaires qui s'insèrent sur eux. Ils se creusent parfois en cavités pour protéger certains organes importants (cavité orbitaire, boite crânienne.

Ils forment donc le bâti rigide, la *charpente* de la machine humaine.

Tous les animaux ne possèdent pas de squelette.

La présence ou l'absence de squelette divise le monde animal en :

animaux vertébrés ;

animaux sans vertèbres ou invertébrés.

2° POIDS ET NOMBRE DES OS. — Le squelette de l'homme adulte comprend 208 pièces.

Si l'on applique le jugement de Salomon, en divisant le corps verticalement, d'avant en arrière par son milieu, le squelette sera partagé en *deux portions symétriques.*

Chaque os a une longueur proportionnelle à la taille.

Le poids du squelette adulte, à l'état sec, varie entre 5 Kg. et 6 Kg. 5.

3° CONFORMATION EXTÉRIEURE DES OS. — Ils ont une forme irrégulière et sont divisés en :

a, os longs. Ex. : os des membres.

b, os plats. Ex. : os du crâne.

c, os courts. Ex. : vertèbres.

Un os long présente une partie intermédiaire, le corps de l'os ou *diaphyse,* et deux extrémités renflées, éminences articulaires ou *épiphyses.*

La surface des os est tantôt lisse, tantôt rugueuse, avec des saillies ou *apophyses* que l'on désigne suivant leur forme du nom de *tubérosités*, *lignes*, *crêtes*, *épines*, etc...

Ces saillies sont destinées à donner attache aux ligaments ou aux muscles. Elles sont plus développées chez les individus vigoureux que chez les sujets à faible musculature, chez les hommes que chez les femmes.

Les os présentent aussi des dépressions, les unes articulaires, les autres non articulaires, en forme de gouttières pour le passage des nerfs, tendons, vaisseaux ou de cavités pour le logement d'organes importants (œil, cerveau). Des *trous nourriciers* visibles sur leur surface livrent passage à l'artère nourricière et au nerf de l'os.

Certains os présentent enfin des trous de *transmission* (trou occipital, trou vertébral).

4° STRUCTURE GÉNÉRALE DES OS A L'ÉTAT FRAIS.

Ils sont composés d'une enveloppe extérieure, le *périoste*, de *tissu compact* et de *tissu spongieux* et sont parcourus par des vaisseaux sanguins et lymphatiques et par des nerfs.

Le *périoste* est une membrane en tissu fibreux, très résistant, abondamment sillonnée de vaisseaux sanguins, s'appliquant exactement à la surface des os auxquels elle se cramponne solidement par des fibres qui pénètrent dans leur tissu, et se confondent avec les tendons d'insertion des muscles.

Le tissu osseux se présente sous deux aspects différents : le *tissu compact* et le *tissu spongieux* mais dont la composition est identique. Le tissu compact blanc et très dur est du tissu osseux condensé.

Tous deux sont constitués par une série de lamelles formant des couches successives (fig. 88). Ces lamelles délimitent de petites cavités contenant les cellules osseuses qui communiquent par de fins canicules avec des canaux plus importants renfermant les capillaires sanguins.

En résumé le tissu osseux est composé de cellules maintenues dans un ciment interstitiel dur et calcaire sillonné par des vaisseaux et des nerfs.

5° STUCTURE DES OS LONGS (fig. 1). — L'os long est formé par une gaîne de tissu compact, très épaisse au niveau de la diaphyse où elle circonscrit un canal central, renfermant la *moelle osseuse*. Ce canal, tout en diminuant le poids de l'os, renforce sa résistance. En effet, on démontre, en mécanique, que, de deux tiges de même longueur formées d'une même quantité de substance, celle qui est creuse est plus résistante.

Les deux extrémités de l'os long sont constituées surtout par du tissu spongieux, ce qui a pour avantage de diminuer le poids de l'os. De plus leur résistance est augmentée par la disposition des lamelles osseuses qui forment de véritables arc-boutants (fig. 89).

6° STRUCTURE DES OS PLATS. — Ils sont formés d'une mince couche de tissu spongieux entre deux lames de tissu compact.

7° STRUCTURE DES OS PLATS. — Ils représentent une masse de tissu spongieux entourée d'un manchon de tissu compact.

8° MOELLE OSSEUSE. — Elle est jaune, spongieuse, vascularisée. On la rencontre non seulement dans le canal central de l'os long mais dans les aréoles du tissu spongieux. Elle aurait comme fonction de fabriquer des globules blancs et des globules rouges.

9° COMPOSITION CHIMIQUE DES OS. — L'os est composé de deux substances :

1° Une *substance organique* (1/3 environ) formée de graisse et d'une matière analogue à de la gélatine l'*osséine*. On obtient cette substance en faisant macérer l'os dans un acide.

2° Une *substance minérale* (2/3 environ) renfermant des phosphates de chaux, des carbonates de chaux, chlorure de sodium, etc. On l'obtient en faisant griller les os.

10° FORMATION DES OS (fig. 2). — Chez le fœtus l'os est entièrement cartilagineux et mou. Cet os cartilagineux s'infiltre de sels calcaires en certains points (points d'ossification). Puis cette ossification rayonne dans toutes les directions en faisant tache d'huile. A la naissance, l'ossification n'est pas complète, et les extrémités sont séparées du corps de l'os par des zones cartilagineuses en forme de disques, appelés *cartilages de conjugaison*.

11° ACCROISSEMENT DES OS EN LONGUEUR. — C'est aux dépens de ces cartilages de conjugaison que se fait l'accroissement en longueur. Les deux faces de ces disques ont la propriété de sécréter constamment de l'os. Ces cartilages s'ossifient complètement vers 25 ans. La taille à ce moment n'augmente plus.

Ils s'ossifient prématurément si l'enfant est soumis à des exercices violents et fatiguants, d'où arrêt du développement de la taille.

12° ACCROISSEMENT EN ÉPAISSEUR. — Il se fait aux dépens du périoste dont la face interne secrète des couches osseuses concentriques, analogues aux couches ligneuses des troncs d'arbre, tandis que la moelle osseuse creuse la cavité médullaire. Un os, privé de son périoste, ne tarde pas à se carier.

Le rôle du périoste est très important dans la réparation des fractures, car il forme un manchon d'os qui soude les fragments brisés.

Si après 25 ans, les os ne s'accroissent plus en longueur, ils peuvent encore faiblement changer de forme puisque leur substance se renouvelle constamment par l'extérieur, tandis qu'elle se résorbe par l'intérieur. Sous l'action musculaire, le squelette peut donc être sculpté ; ceci explique comment un exercice rationnel peut le ramener à de meilleures conditions de forme.

Chez le vieillard, l'os se creuse ; la substance minérale s'y raréfie, et il devient fragile et se fracture facilement.

ETUDE PARTICULIERE DES OS

« Bien étudier les os, c'est déjà savoir les muscles et les articulations. »

Chapitre III

Tête

La tête (fig. 3) se divise en *crâne* et *face*.

CRANE. — Le *crâne* est une boîte osseuse très résistante qui sert de « domicile au cerveau ». Il est formé par la réunion de plusieurs os plats convexes extérieurement et reliés entre eux par des dentelures très sinueuses, les *sutures*.

Les os du crâne qui nous intéressent spécialement sont :

a, les *temporaux* ;

b, l'*occipital*.

a, Les *temporaux*, au nombre de deux, sont appelés ainsi parce qu'ils sont situés à la région de la tempe de chaque côté du crâne. Ils contiennent le trou de l'oreille. En arrière de ce trou, une saillie volumineuse, l'*apophyse mastoïde*, perceptible sous la peau, est destinée à l'insertion de plusieurs muscles moteurs de la tête ; en avant de ce trou, une cavité articulaire sert à l'articulation de la mâchoire inférieure.

b, L'*occipital*, situé à la partie postérieure de la tête, et dont nous sentons la saillie appelée communément l'occiput, présente un trou, le *trou occipital*, par lequel passe la moëlle épinière. Deux surfaces articulaires allongées d'avant en arrière, les *condyles occipitaux*, situés de part et d'autre de ce trou, s'articulent avec deux surfaces correspondantes de la première vertèbre.

FACE. — La *face* comprend plusieurs os, dont les principaux sont le *maxillaire supérieur* et le maxillaire inférieur, garnis de dents.

Chapitre IV

Tronc

Le tronc osseux est formé par une tige, la *colonne vertébrale*, à la partie moyenne de laquelle s'articulent les *côtes*, qui s'insèrent en avant sur le *sternum*, formant ainsi la *cage thoracique*.

1° COLONNE VERTÉBRALE (fig. 8). — C'est une longue tige sur laquelle repose en haut la tête et qui s'articule en bas très solidement avec les os du bassin. Elle est formée par une série de pièces superposées, les *vertèbres*, au nombre de 24, et se termine à sa partie inférieure par deux os, le *sacrum* et le *coccyx*.

Cette colonne répond successivement, en allant de haut en bas :

1° au cou ;

2° au dos ;

3° aux reins ou lombes ;

4° au bassin ;

et comprend :

1° 7 vertèbres pour la région du cou ou *cervicale* ;

2° 12 vertèbres pour la région du dos ou *dorsale* ;

3° 5 vertèbres pour la région lombaire ;

4° Le sacrum et le coccyx pour la région du bassin.

Les vertèbres sont toutes conformées sur le même type ; aussi décrirons-nous tout d'abord les caractères principaux des vertèbres en général, avant de donner quelques détails sur certaines vertèbres qui peuvent nous intéresser, puis nous étudierons la colonne vertébrale *dans son ensemble*.

A. **Caractères principaux des vertèbres** (fig. 4 et 5). — Une vertèbre est un os court présentant vers son milieu un trou (*trou vertébral*). En avant de ce trou on remarque une portion volumineuse et solide, le *corps de la vertèbre*, qui s'appuie sur le corps de la vertèbre voisine. En arrière du trou vertébral se détache une longue épine osseuse appelée *apophyse épineuse*. De chaque côté de ce trou est située une *apophyse transverse* munie de *deux apophyses articulaires*, l'une supérieure, l'autre inférieure. Enfin les apophyses transverses sont reliées au corps de la vertèbre par un arc osseux, le *pédicule*, présentant en haut et en bas une demi-échancrure.

B Caractères particuliers de certaines vertèbres.

1° ATLAS (fig. 6). — La première vertèbre cervicale sur laquelle repose la tête s'appelle l'*atlas*. Son corps n'existe pas et est représenté par un arc. Les condyles de l'occipital viennent rouler d'avant en arrière dans deux cavités correspondantes situées de part et d'autre de cet arc osseux.

L'atlas s'articule par deux facettes articulaires avec deux facettes correspondantes de la deuxième vertèbre.

2° AXIS. — La deuxième vertèbre ou *axis* présente, sur la face supérieure de son corps, une apophyse *en forme de dent*, sorte de pivot autour duquel tourne l'atlas, et la tête par conséquent.

3° VERTÈBRES DORSALES. — De chaque côté du corps de ces vertèbres deux demi-facettes articulaires sont destinées à recevoir les côtes.

4° SACRUM. — Le *sacrum*, qui s'articule avec la dernière vertèbre lombaire est, en réalité, formé de cinq vertèbres soudées entre elles. Aussi y retrouve-t-on les différents détails propres aux vertèbres. De chaque côté du sacrum, une surface articulaire rugueuse, en *forme d'oreille*, vient s'emboîter sur une surface correspondante des deux os du bassin.

Le sacrum est enclavé entre ces deux os comme un coin destiné à s'enfoncer de haut en bas et d'avant en arrière, disposition remarquable au point de vue de la solidité et de la station bipède.

5° COCCYX. — Organe atrophié, rudiment de la queue des mammifères, formé par la soudure de quatre vertèbres et terminant le sacrum.

C Colonne vertébrale dans son ensemble.

Toutes les vertèbres sont empilées les unes sur les autres, comme des pièces de monnaie, par leurs corps vertébraux.

L'ensemble des trous vertébraux forme un véritable canal, le *canal rachidien*, qui contient la moëlle épinière.

Les deux demi-échancrures superposées du pédicule forment des trous par où sortent les nerfs qui émanent de cette moëlle.

La ligne des apophyses épineuses constitue l'*épine dorsale*, visible sous la peau.

Une véritable goutière de part et d'autre de l'épine dorsale entre les apophyses épineuses et les apophyses transverses est destinée à loger des muscles.

Le volume des vertèbres augmente à mesure que l'on descend de la tête vers le sacrum.

La colonne vertébrale présente quatre courbures :

Courbure cervicale, convexe en avant ;

Courbure dorsale, concave en avant ;

Courbure lombaire, convexe en avant ;

Courbure sacrée, concave en avant.

Ces courbures ne sont pas *primitives* ; elles sont *acquises* : à la naissance, il n'existe aucune trace des courbures cervicale et lombaire.

La courbure cervicale ne commence qu'à partir du troisième ou du cinquième mois. La courbure lombaire n'apparaît que vers l'âge de deux ans, quand l'enfant commence à marcher. Cette dernière courbure dépend donc de la marche bipède : on la retrouve d'ailleurs chez les grands singes antropoïdes.

Les trois courbures supérieures sont solidaires, c'est-à-dire que, si l'une d'elles augmente ou diminue d'une certaine quantité, on voit les deux autres augmenter ou diminuer de la même quantité.

Elles ont pour but d'augmenter la résistance de la colonne vertébrale. En effet, de deux colonnes élastiques égales, celle qui a des courbures offre plus de résistance aux pressions verticales que celle qui est rectiligne.

De plus, la multiplicité des pièces de cette colonne et ses courbures la protègent également contre les fractures et décomposent les chocs dont la transmission dans certains exercices violents (sauts, courses) eût pu dangereusement ébranler des organes aussi fragiles et aussi importants que le cerveau et la moëlle.

Tout concourt d'ailleurs dans la colonne vertébrale à en augmenter la solidité et à protéger efficacement la moëlle qu'elle contient : épaisseur et solidité des corps vertébraux, imbrication des apophyses articulaires, nombreux ligaments, épaisseur de la couche musculaire située dans les gouttières.

Nous venons de voir que les courbures vertébrales sont utiles, *mais elles ne doivent pas être exagérées*, comme nous le démontrerons en physiologie appliquée.

Elles tendent à s'accentuer chez le vieillard, dans certaines professions ou à la suite de certaines attitudes.

2° COTES (fig. 9). — Les *côtes* sont des os longs en forme d'arcs, s'étendant de la colonne vertébrale (région dorsale) au sternum. Il existe douze côtes de chaque côté correspondant aux douze vertèbres dorsales : on les désigne sous le nom de première, de deuxième, de troisième côte, etc... en allant de haut en bas. Les sept premières sont articulées directement au sternum par des fibro-cartilages ; les trois suivantes s'attachent l'une à l'autre par leurs fibro-cartilages ; les deux dernières sont *flottantes*.

Leur longueur augmente de la première à la septième et décroit ensuite.

Les côtes sont dirigées obliquement vers le bas, par rapport à la colonne vertébrale, et cette direction oblique va en augmentant de la première à la dernière.

L'espace qui sépare les deux côtes s'appelle l'*espace intercostal*.

Chaque côte présente deux courbures :

1° Une courbure concave intérieurement se moulant sur les organes de la poitrine.

2° *Une courbure de torsion* dont on se rend compte en posant la côte à plat sur une table : on dirait que la côte a subi un mouvement de torsion en vertu duquel son extrémité postérieure aurait été portée en haut et son extrémité antérieure en bas.

L'extrémité postérieure ou *tête de la côte* a la forme d'un coin et s'articule avec la demi-facette inférieure d'une vertèbre dorsale et la demi-facette supérieure de la vertèbre inférieure.

3° STERNUM. — Un os plat, ressemblant à une épée de gladiateur avec poignée, lame et pointe. De chaque côté de la poignée se trouve une facette articulaire destinée aux clavicules. Les bords de la lame sont sinueux et présentent des échancrures pour l'insertion des cartilages costaux.

4. CAGE THORACIQUE DANS SON ENSEMBLE :

La cage thoracique est donc formée de douze vertèbres dorsales, les douze paires de côtes articulées avec le sternum. A l'état frais, les espaces intercostaux sont comblés par des muscles.

Elle est destinée à loger les poumons et le cœur et à se mobiliser comme un soufflet, ainsi que nous le verrons en étudiant la respiration. Sur le squelette, elle a la forme d'un tronc de cône à base inférieure, mais sur le vivant, elle affecte la forme inverse en raison de la garniture musculaire et osseuse des épaules.

Le sommet de ce tronc de cône livre passage aux vaisseaux sanguins, à la trachée-artère et à l'œsophage.

Sa base forme un plan incliné en bas et en arrière et se trouve fermée par le muscle diaphragme qui sépare le thorax de l'abdomen.

Chapitre V

Membre supérieur

Le membre supérieur (fig. 10) se divise en quatre segments :

1° l'*épaule* ;
2° le *bras* ;
3° l'*avant-bras* ;
4° la *main*.

1° ÉPAULE. — L'épaule rattache le membre supérieur au thorax et comprend deux os, la *clavicule* et l'*omoplate*.

A Clavicule. — Os long, en forme d'S qui s'articule par son extrémité interne volumineuse avec la poignée du sternum et par son extrémité externe aplatie avec l'omoplate.

Elle sert à tenir éloigné du thorax le membre supérieur correspondant dont le poids agirait défavorablement sur le soulèvement de la cage thoracique.

B Omoplate. — L'omoplate est un os plat, triangulaire, s'appliquant contre les côtes et en haut de la cage thoracique.

Sa face antérieure légèrement excavée, regarde les côtes et s'appelle *fosse sous-scapulaire*.

Sa face extérieure est divisée en deux parties, *fosses sus et sous-épineuses* par une forte saillie l'*épine de l'omoplate* dont l'extrémité libre (*acromion*) s'articule avec la clavicule.

L'angle externe de l'omoplate est creusée d'une cavité (*cavité glenoïde*) dans laquelle vient rouler l'os du bras. Au dessus de cette cavité se détache une *apophyse en forme de bec de corbeau* (apophyse caracoïde) destinée à l'insertion de ligaments et de muscles. Son bord interne s'appelle le *bord spinal*, son bord externe s'appelle le *bord axillaire*.

C Epaule en général. — Les épaules forment donc deux véritables ceintures osseuses destinées à soutenir le membre supérieur. Elles n'ont aucun rapport direct avec la colonne vertébrale et ne sont reliées au sternum que par l'extrémité interne de la clavicule. Par contre, elles sont maintenues de façon très solide au tronc par l'intermédiaire de muscles puissants et nombreux. De plus il est à remarquer que les deux épaules ne sont pas reliées l'une à l'autre. Ces diverses dispositions assurent aux membres supérieurs leur indépendance, leur mobilité et l'étendue du mouvement dont ils ont besoin, car ils sont les *organes de la préhension*.

2° BRAS. — Le bras est constitué par un seul os, l'*humérus*. C'est un os long. Son extrémité supérieure (épiphyse supérieure, ou *tête de l'humérus* représente le 1/3 d'une sphère et s'articule avec la cavité glénoïde de l'omoplate. De cette tête sphérique part une gouttière très prononcée, la *gouttière du biceps* circonscrite en avant par une *petite tuberosité* et en arrière par une *grosse tuberosité* destinées à des insertions musculaires.

Le corps de l'humérus (diaphyse) cylindrique en haut, s'élargit vers le bas et parait tordu sur son axe, d'où la présence à sa face postérieure d'une *gouttière de torsion*. En haut de sa partie externe, une empreinte rugueuse en forme de V, l'*empreinte du deltoïde* sert à l'insertion du muscle deltoïde.

L'*extrémité inférieure de l'humérus* (épiphyse inférieure) aplatie d'avant en arrière s'articule avec les os de l'avant-bras et comprend en dehors une saillie sphérique le *condyle de l'humérus* et en dehors une véritable poulie, la *trochlée humérale*. Cette surface articulaire est surmontée de chaque côté par une saillie l'*epicondyle* (sur le condyle) et l'*epitrochlée* sur la trochlée). Ces saillies servent à l'insertion de plusieurs muscles.

Enfin on remarque exactement au-dessus de la trochlée, une petite excavation (*fossette coronoïdienne*) en avant, et une plus grande (*fossette olécranienne*) en arrière.

3° AVANT-BRAS. — L'avant-bras est formé par deux os parallèles le *cubitus* en dedans, le *radius* en dehors. Ces deux os réunis par leurs extrémités sont séparés à leur partie moyenne par un espace comblé à l'état frais par un *ligament interosseux* où viennent s'insérer plusieurs muscles.

A **Cubitus.** — Os long, plus volumineux en haut qu'en bas. Son extrémité supérieure présente une grande cavité articulaire, la *grande cavité sygmoïde* formée par la réunion de deux saillies : l'*olécrâne* en arrière (la plus volumineuse), l'*apophyse coronoïde* en avant.

La grande cavité sygmoïde s'articule avec la trochlée humérale. L'olécrâne correspond à la fossette olécranienne de l'humérus, l'apophyse coronoïde correspond à la fossette coronoïdienne de l'humérus.

Sur le côté externe de cette cavité, une excavation s'articule avec l'extrémité supérieure du radius. L'*extrémité inférieure*, petite présente en dehors une surface articulaire pour l'extrémité inférieure du radius et en dedans une apophyse (*apophyse styloïde*).

B **Radius.** — Os long, plus volumineux en bas qu'en haut, à l'inverse du cubitus, son extrémité supérieure creusée en *cupule* s'articule avec le *condyle* de l'humérus.

Au-dessus de cette cupule, un anneau encroûté de cartilage permet au radius de rouler dans la petite cavité sygmoïde.

Plus bas une grosse tubérosité (*tubérosité du biceps*) sert à l'insertion du muscle biceps.

L'extrémité inférieure du radius présente deux surfaces articulaires, l'une en bas pour les os du poignet, l'autre en dedans pour l'extrémité inférieure du cubitus, et est limitée en dehors par une apophyse styloïde.

4° POIGNET ET MAIN. — Le *poignet* ou *carpe* est composé de huit petits os placés sur deux rangées. La rangée supérieure forme un massif osseux en forme de condyle s'articulant avec l'extrémité inférieure du radius. Ce massif présente une large gouttière sur sa face antérieure par où passent de nombreux tendons.

La rangée inférieure s'articule avec le métacarpe.

Le *métacarpe*, intermédiaire entre le poignet et les doigts, est composé de cinq os.

Les *doigts* ont trois *phalanges*, à l'exception du pouce qui n'en a que deux.

Chapitre VI

Membre inférieur

Comme le membre supérieur, le *membre inférieur* (fig. 11) se divise en quatre segments :

1° la *hanche*,

2° la *cuisse*,

3° la *jambe*,

4° le *pied*.

1° HANCHE. — La hanche est formée par un seul os, l'*os iliaque*. Les deux os iliaques réunis au sacrum constituent le *bassin*.

A. **Os iliaque**. — Cet os, irrégulièrement quadralitère, présente à sa surface externe une large cavité, la *cavité cotyloïde*, dans laquelle se place l'extrémité supérieure du fémur.

Au-dessus d'elle est une large surface lisse, la *fosse iliaque externe*.

Au-dessous d'elle, un large orifice, le *trou obturateur*, est fermé à l'état frais par une membrane fibreuse où s'insèrent des muscles ; en arrière de ce trou est située une grosse tubérosité, l'*ischion*, qui se met en contact avec le siège dans la position assise. En avant, une portion aplatie, le *pubis*, est destiné à s'articuler avec le pubis du côté opposé.

La surface interne est divisée en deux parties par une crête osseuse, la partie supérieure s'appelant la *fosse iliaque interne*. A la partie interne de cette crête, une surface articulaire en forme d'oreille est destinée à s'articuler avec une surface identique précédemment décrite sur le sacrum.

Le bord supérieur, ou *crête iliaque*, est rejeté en dehors et saillant sous la peau.

Le bord antérieur est sinueux et présente les *deux épines iliaques antérieures*.

Le bord postérieur présente à son milieu une épine, l'*épine sciatique*.

B. **Bassin en général**. — Le bassin est l'analogue de l'épaule. Il sert à abriter des organes importants, notamment les organes génito-urinaires. Il reçoit de la colonne vertébrale le poids du corps et le transmet aux membres inférieurs ou inversement.

Il est formé par les deux os iliaques fixés en arrière au sacrum et au coccyx, et en avant entre eux par les pubis.

Les pièces osseuses qui le constituent sont solidement liées l'une à l'autre et immobiles. Le tout est d'une solidité remarquable.

Sa forme est celle d'un tronc de cône communiquant en haut avec la cavité abdominale et fermé en bas par le *périnée*. Ce cône est échancré en avant au niveau des pubis, ce qui permet une flexion plus considérable du tronc en avant.

Le bassin est plus développé chez l'homme que chez les animaux : c'est le fait de la marche bipède.

2° CUISSE. — Elle est constituée par un seul os, le *fémur*. C'est un os long, le plus volumineux de tout le corps. Il s'articule en haut avec la cavité cotyloïde de l'os iliaque, par une extrémité sphérique, la *tête du fémur*, reliée au restant de l'os par une portion rétrécie (*col du fémur*). Au milieu de la tête du fémur une fossette est creusée pour le *ligament rond*.

Au-dessous de cette tête une grosse tubérosité (*grand trochanter*) en dehors, et une petite tubérosité (*petit trochanter*) en dedans, servent d'insertions musculaires. Le corps présente un bord postérieur rugueux, la *ligne âpre*.

L'extrémité inférieure s'articule avec le tibia par deux énormes *condyles* séparés par une échancrure profonde en arrière. En avant et entre les deux condyles, dans une sorte de poulie, vient rouler un os développé dans l'intérieur du tendon du triceps et qu'on appelle la *rotule*.

3° JAMBE. — Comme l'avant-bras, elle présente deux os, réunis par leurs extrémités et séparés à leur milieu par un ligament interosseux :

A le *tibia* en dedans, le plus volumineux ;

B le *péroné* en dehors.

A **Tibia.** — Lui seul s'articule avec le fémur par une extrémité supérieure en forme de plateau sur lequel on remarque deux cavités glénoïdes séparées par une épine médiane.

Chaque cavité correspond à un condyle du fémur. Au-dessous de ce plateau, le ligament rotulien s'insère sur une grosse tubérosité antérieure.

Le corps du tibia est tranchant à sa partie antérieure (crête du tibia).

L'extrémité inférieure s'articule avec le cou-de-pied et présente en dedans la *cheville interne* (malléole interne).

B **Péroné.** — C'est un os grêle qui s'articule au tibia par ses deux extrémités. Son extrémité inférieure descend plus bas que celle du tibia et forme la *cheville externe* (*malléole externe*).

Les deux chevilles encastrent entre elles un os du pied, l'*astragale*.

PIED. — Le pied comprend le *tarse*, le *métatarse* et les *orteils*.

Le *tarse* est formé par l'*astragale*, le *calcanéum* ou os du talon et cinq autres os.

Le métatarse et les orteils ont la même composition que le métacarpe et les doigts.

LES ARTICULATIONS

« Avant de faire travailler une articulation, il est nécessaire de connaître les mouvements qu'on pourra lui demander. »

Chapitre VII

Étude générale des articulations

1° DÉFINITION. — Ainsi que nous venons de le voir, les os ne sont pas isolés. Tous s'unissent les uns aux autres, suivant divers modes, pour constituer les articulations. On appelle donc *articulation* l'ensemble des parties molles et dures par lesquelles s'unissent deux ou plusieurs os voisins. L'étude des articulations est très intéressante au point de vue mécanique animale, car si les os sont de véritables leviers, les articulations sont les pivots, les points d'appui de ces leviers et les centres de mouvement.

2° DIVISION. — En général, toute articulation nous offre à considérer :

1° des surfaces osseuses ;

2° des parties molles interposées ou interosseuses ;

3° des parties molles placées autour d'elle.

Mais les articulations ont des caractères variables :

Réduites à leur plus simple expression dans la tête, elles vont se développant peu à peu sur le tronc pour acquérir leur plus grand degré de différenciation et de mobilité au niveau des membres. Aussi les a-t-on divisées en :

1° *Articulations immobiles*. Ex. : Sutures du crâne assurant l'immobilité des os en présence.

2° *Articulations demi-mobiles*. Ex. : Articulations des pubis, des corps vertébraux permettant seulement de légers mouvements de glissement.

3° *Articulations mobiles*. Ex. : Articulations des membres.

Nous ne nous occuperons que des articulations mobiles.

Articulations mobiles. — Chaque fois qu'on décrit une articulation (fig. 13), il y a lieu de considérer :

A les surfaces articulaires ;
B les moyens d'union ;
C les moyens de glissement ;
D les mouvements.

A *Surfaces articulaires.* — Elles sont constituées par les extrémités des os en contact recouvertes d'une couche de tissu cartilagineux, substance transparente et dure.

La forme de ces surfaces varie suivant les mouvements de l'article. Les mouvements très étendus créent des articulations à petit rayon (portions de spères ou *têtes*), tandis que les mouvements limités créent des articulations à grand rayon, à surface presque plane (Ex. Articulations des vertèbres entre elles). Si le mouvement est plus étendu dans un sens que dans l'autre, la surface articulaire présente deux courbures à rayon différent : celle à petit rayon correspond au mouvement le plus étendu (portions d'ovoïde coupé suivant son grand axe ou *condyles*, poulies ou trochlées, etc... (Marey).

Le *cartilage articulaire* adhère profondément au tissu osseux dont il aplanit les inégalités. Il est lisse, *très élastique*, et amortit par conséquent les chocs tout en empêchant l'usure rapide des extrémités osseuses. L'étendue de revêtement cartilagineux est proportionnelle à l'étendue du mouvement de l'articulation. Son épaisseur, qui est de 1 à 2 millimètres, varie suivant la pression à supporter. Cette pression empêche le cartilage de s'ossifier : dans une articulation soumise à l'immobilisation prolongée, le cartilage s'ossifie et l'articulation s'ankylose.

Chez le vieillard, l'épaisseur du cartilage diminue.

Fibro-cartilages. — En principe, les extrémités articulaires doivent s'emboîter exactement : à surface convexe doit correspondre une surface concave. Lorsque ces surfaces ne correspondent pas d'une manière complète, un *fibro-cartilage* rétablit la correspondance. C'est parfois un *bourrelet* inséré sur le pourtour d'une cavité pour en augmenter la profondeur (bourrelet de la cavité glénoïde de l'omoplate) ou bien c'est un ménisque bi-concave pour faire emboîter deux surfaces articulaires (ménisques du genou).

2° MOYENS D'UNION. — a) *Capsules et ligaments.*

Les articulations possèdent, comme moyens d'union, un manchon fibreux, résistant et inextensible, la *capsule articulaire,* qui s'insère sur les surfaces articulaires à la limite du cartilage et qui est renforcée par des bandelettes fibreuses, les *ligaments extra-articulaires* ou *ligaments passifs*. Les muscles et les tendons qui franchissent les jointures en forment les *ligaments actifs*.

Les ligaments extra-articulaires sont très développés sur les points où les segments osseux ont besoin d'être solidement unis (Ex. : ligaments latéraux de l'articulation du coude).

Ils sont insignifiants ou même absents du côté de l'extension où ils sont remplacés par les tendons du muscle extenseur (genou, coude). « *La nature est économe.* »

b, *Ligaments intra-articulaires.* — Il existe en outre dans certaines articulations des *ligaments intra-articulaires* (articulations de la hanche, du genou).

3° MOYENS DE GLISSEMENT. — Une membrane fine, la *synoviale*, tapisse intérieurement la capsule et secrète un liquide onctueux et filant, analogue à du blanc d'œuf, la *synovie*. Cette synovie favorise le glissement des surfaces articulaires en les lubréfiant et en empêchant l'usure des cartilages par leur frottement. Chez le vieillard, quand la sécrétion synoviale s'altère, les cartilages s'usent rapidement. Cette synovie augmente l'adhésion des surfaces articulaires et contribue à les maintenir en contact. La synovie est moins dense pendant le repos et plus abondante ainsi que très épaisse après un exercice prolongé.

4° MOUVEMENTS. — La limite des mouvements d'une articulation dépend de la conformation des os qui la constituent, de ses appareils ligamenteux extra et intra-articulaires, des masses musculaires voisines.

L'instructeur doit bien les connaître afin de ne pas demander à une articulation des mouvements plus étendus ou mal dirigés.

Pour décrire les mouvements des articulations on prend, comme point de repaire, le plan médian du corps, c'est-à-dire le plan qui coupe verticalement le corps par son milieu d'avant en arrière.

Ce sont :

a, Le *glissement* ou déplacement des surfaces osseuses l'une sur l'autre sans qu'elles s'abandonnent.

b, la *rotation*. Mouvement par lequel l'os tourne autour de son axe propre (rotation de l'épaule) ou autour d'un autre os (rotation du radius autour du cubitus).

La *rotation en dedans* rapproche le bord antérieur de l'os du plan médian ; la *rotation en dehors* l'en éloigne.

c, *Opposition.* — Dans le mouvement d'opposition l'os se porte soit en avant (*flexion*) soit en arrière (*extension*) dans un plan parallèle au plan médian ou bien il se porte en dedans en rapprochant du plan *médian* (*adduction*) ou, en dehors en s'éloignant (*abduction*).

d. Circumduction. — C'est le mouvement dans lequel l'os décrit un mouvement de fronde, une sorte de cône dont le sommet répond à son extrémité supérieure et la base à son extrémité inférieure.

Il résulte des passages successifs de l'os aux positions d'abduction, d'extension, de flexion et d'adduction.

Chacun des mouvements décrits a une amplitude déterminée et les causes d'arrêt sont la rencontre des masses musculaires ou bien la rencontre de deux os, ou encore la tension d'un ligament.

ETUDE PARTICULIERE DES ARTICULATIONS

Chapitre VIII

Articulations du Tronc

Les articulations de la tête n'offrent pas, pour notre sujet, un intérêt spécial ; mais les articulations du tronc sont importantes à connaître.

Nous étudierons donc :

1° Les articulations des vertèbres entre elles.

2° Les articulations de la colonne vertébrale avec la tête.

3° Les articulations des côtes avec la colonne vertébrale.

4° Les articulations de la colonne vertébrale avec le bassin.

1° ARTICULATIONS DES VERTÈBRES ENTRE ELLES.

A **Surfaces articulaires.** — Les vertèbres s'articulent entre elles par leur corps et par leurs quatre apophyses articulaires.

Les corps sont empilés les uns sur les autres et séparés, à l'état frais, par des fibro-cartilages en forme de lentilles (*ménisques ou disques intervertébraux*) qui adhèrent de façon intime aux surfaces articulaires. Ces disques très élastiques sont de véritables coussinets destinés à amortir les chocs ; ils peuvent se tasser après une marche prolongée, d'où diminution de la taille, ou au contraire s'étendre après un repos prolongé au lit.

Les apophyses articulaires s'imbriquent les unes sur les autres comme les écailles d'un poisson. Les deux apophyses articulaires *inférieures* d'une vertèbre recouvrent les deux apophyses articulaires supérieures de la vertèbrs suivante, en allant de haut en bas. C'est une disposition remarquable pour la solidité de la colonne vertébrale, car si l'on voulait déplacer deux vertèbres, il faudrait commencer par briser ces apophyses.

B **Moyens d'union.** — Cela n'est pas tout, car les vertèbres sont solidement maintenues les unes aux autres par de nombreux ligaments très résistants. En *arrière,* les uns relient chaque apophyse épineuse à sa voisine, d'autres chaque apophyse transverse à sa voisine. D'autres bouchent complètement les interstices laissés libres entre les vertèbres de façon à fermer complètement le canal rachidien. Enfin un grand ligament passe tout le long de l'épine dorsale en s'attachant à chaque apophyse épineuse, comme le lierre à un arbre.

Si l'on ajoute à cela que la face antérieure et postérieure des corps vertébraux sont unis par une gaîne fibreuse très résistante, allant de haut en bas et se cramponnant à chaque corps vertébral, qu'une quantité de muscles et de petites languettes tendineuses se fixent sur tous les points d'une vertèbre, on se rend compte que la colonne rachidienne est très solide, mais flexible grâce à ses nombreuses articulations.

De plus, nous avons vu, dans l'étude du squelette, que les courbures et la multiplicité des pièces osseuses en augmentaient encore la solidité. Donc la moëlle épinière se trouve parfaitement protégée.

C **Mouvements d'ensemble de la colonne vertébrale.** — Les mouvements d'une vertèbre sur sa voisine sont restreints, mais si l'on multiplie ces légers mouvements de glissement par le nombre de toutes les articulations de la colonne vertébrale, les mouvements d'ensemble de cette dernière deviennent très appréciables.

Ils sont au nombre de cinq :

la *flexion*,

l'*extension*,

l'*inclinaison de côté*, à droite ou à gauche,

le *mouvement de fronde*,

la *rotation*, à droite ou à gauche.

La *flexion*, qui entraîne la tête et le thorax en avant est limitée par la tension des ligaments postérieurs.

L'*extension*, moins étendue, est arrêtée par la tension des ligaments antérieurs et la rencontre des apophyses épineuses.

L'*inclinaison de côté* est limitée par la tension des ligaments latéraux et le contact des apophyses transverses.

Le *mouvement de fronde* résulte de la succession des mouvements précédents.

La *rotation* résulte d'une véritable torsion des disques invertébraux. Il ne faut pas oublier que, quand nous faisons une rotation de notre tronc, une partie des mouvements se passent dans les membres inférieurs. Donc, pour localiser ce mouvement à la colonne vertébrale, il faut au préalable fixer solidement le bassin.

Si l'on étudie les mouvements des différentes régions de la colonne vertébrale, on s'aperçoit que :

1° Le cou ou colonne cervicale est la plus mobile ;

2° les reins ou colonne lombaire sont moins mobiles.

L'extension y est plus marquée qu'au cou ; d'où possibilité plus grande d'exagération de la concavité lombaire en arrière (*enselure lombaire*) en cas de faiblesse des muscles fléchisseurs de cette région.

3° Le dos ou colonne dorsale est pour ainsi dire immobile en raison de l'engrènement si parfait de ses apophyses articulaires et de ses apophyses épineuses et en raison aussi de ses attaches avec les côtes. Seul le mouvement de rotation y est relativement important, bien qu'il soit moindre qu'au cou.

ARTICULATIONS DE LA COLONNE VERTÉBRALE AVEC LA TÊTE.

Un double système articulaire permet des mouvements assez étendus de la tête sur la colonne.

Ce sont :

A *L'articulation de l'occipital avec l'atlas.*

B *L'articulation de l'atlas avec l'axis.*

A **Articulation de l'occipital avec l'atlas** (fig. 15). — Les condyles de l'occipital roulent sur les cavités correspondantes de l'atlas. Cette articution est entourée d'une capsule consolidée par deux ligaments larges, l'un antérieur, l'autre postérieur.

Cette articulation permet à la tête surtout des mouvements de flexion et d'extension, et des mouvements restreints d'inclinaison latérale. Ces divers mouvements sont, en réalité, moins étendus qu'ils ne paraissent, car ils sont complétés par ceux de la colonne cervicale.

Cette articulation ne permet pas de mouvements de rotation.

B **Articulation de l'atlas avec l'axis** (fig. 11). — Ces deux vertèbres s'articulent comme toutes les vertèbres, par leurs apophyses articulaires.

De plus, l'apophyse en forme de dent de l'axis [fig. 7 (1)], vient se placer derrière la face postérieure de l'arc antérieur de l'atlas [fig. 6 (3)] occupant ainsi la place du corps absent de l'atlas. Cette apophyse forme un véritable pivot enserré dans un anneau osseux, en avant, fibreux en arrière (anneau ostéo-fibreux) autour duquel tournent l'atlas et la tête, par conséquent. Ce mouvement de rotation est également complété par la rotation du cou.

Ce double système articulaire est renforcé par des ligaments qui partent du pourtour du trou occipital et se rendent à l'axis.

3° ARTICULATION DES COTES AVEC LA COLONNE VERTÉBRALE (fig. 17).

Les 12 paires de côtes s'articulent avec le corps des 12 vertèbres dorsales,

A **Surfaces articulaires.** — L'extrémité postérieure ou *tête* de la côte, en forme de coin ou de tête de serpent, s'articule entre deux vertèbres dans une cavité correspondante. Cette cavité est constituée par la demi-facette articulaire inférieure d'une vertèbre dorsale et la demi-facette articulaire supérieure de la vertèbre suivante (voir vertèbres dorsales). La tête de la côte s'y enfonce à la manière d'un coin.

B **Moyens d'union.** — Un ligament intra-articulaire part de l'extrémité de la côte et va s'attacher au disque intervertébral. Une capsule fibreuse entoure cette articulation.

De plus, des ligaments unissent la côte aux apophyses transverses correspondantes.

C **Mouvements de la cage thoracique** (fig. 18). — En avant, les côtes s'articulent avec le sternum, et l'ensemble des 12 paires de côtes articulées avec les 12 vertèbres dorsales et le sternum constituent, comme nous l'avons vu, la cage thoracique.

Cette cage thoracique est mobile, en même temps que très solide en raison de la courbure des côtes, de leur élasticité et du nombre des pièces osseuses qui la constituent.

Les mouvements d'ensemble de la cage thoracique donnent un véritable jeu de soufflet provoqué par l'élévation des côtes (inspiration) et leur abaissement (expiration).

Quand les côtes s'élèvent, elles exécutent trois sortes de mouvements :

1° *Elles se portent en avant.* D'obliques qu'elles étaient, elles tendent à devenir horizontales, d'où projection du sternum en avant et augmentation du diamètre antéro-postérieur du thorax.

2° *Elles se portent en dehors*, d'où augmentation du diamètre transversal.

3° Elles tournent de dedans en dehors autour d'un axe passant par leurs deux extrémités de façon à incliner en bas leur face interne ; d'où augmentation du diamètre transversal. Donc ce triple mouvement d'élévation, de projection en dehors et de rotation amène l'ampliation du soufflet thoracique. Nous verrons plus loin le rôle du muscle diaphragme dans l'inspiration.

Quand la côte s'abaisse, le triple mouvement *inverse* se produit et le soufflet rejette l'air qu'il avait inspiré.

Les côtes inférieures sont plus mobiles que les supérieures.

Le sternum est projeté en avant.

La colonne dorsale ne participe pas à ces mouvements.

4° ARTICULATIONS DE LA COLONNE VERTÉBRALE AVEC LE BASSIN.

Le sacrum vient s'articuler par ses deux faces articulaires en forme d'oreilles avec la face analogue située à la partie interne de chaque os iliaque. De nombreux et puissants ligaments maintiennent immobile cette articulation.

Le sacrum s'enfonce comme un coin entre les deux os iliaques. Le poids du corps transmis par la colonne vertébrale a tendance à enclaver encore plus solidement cet os.

Les os iliaques se réunissent en avant, au niveau du pubis.

Le bassin n'a pas de mouvements. Il est soudé à la colonne vertébrale.

Chapitre IX

Articulations du membre supérieur

Nous étudierons successivement :

1° Les articulations des os de l'épaule ;
2° L'articulation de l'épaule proprement dite ;
3° L'articulation du coude ;
4° Les articulations des os de l'avant-bras ;
5° L'articulation du poignet ;
6° Les articulations de la main.

1° ARTICULATION DES OS DE L'ÉPAULE (fig. 19).

A La clavicule s'articule en dedans avec le sternum, en dehors avec l'acromion de l'omoplate. Des ligaments entourent ces surfaces articulaires. De plus un appareil ligamenteux unit la clavicule à l'apophyse caracoïde de l'omoplate. Donc l'épaule n'est reliée au squelette que par l'extrémité interne de la clavicule ; la clavicule tient le bras, écarte le tronc et sert de pivot aux mouvements de l'épaule.

B **Mouvements du moignon de l'épaule.** — Les déplacements du moignon de l'épaule se passent à la fois dans les deux articulations des os de l'épaule.

La clavicule, par son articulation interne avec le sternum, peut s'élever ou s'abaisser, se projeter en avant ou en arrière ou exécuter un mouvement de fronde, *entraînant avec elle l'omoplate et le membre supérieur.*

Par son articulation interne avec l'acromion, elle permet à l'omoplate *un mouvement de bascule ou de sonnette.*

L'omoplate, par ce mouvement, peut se baisser ou s'élever tout en glissant sur la paroi thoracique.

Quand elle s'abaisse, son angle externe s'abaisse et avec lui l'épaule, son angle supérieur s'éloigne de la colonne vertébrale et son angle inférieur s'en rapproche.

Quand elle s'élève, le mouvement inverse se produit.

Tout muscle qui élève l'angle supérieur de l'omoplate abaissera donc du même coup le moignon de l'épaule.

Inversement, tout muscle qui abaisse cet angle supérieur élèvera le même moignon.

2° ARTICULATION DE L'ÉPAULE PROPREMENT DITE (fig. 20 et 21).

Elle réunit le bras à l'épaule.

A **Surfaces articulaires.** — La tête de l'humérus s'articule avec la cavité glénoïde de l'omoplate rendue plus creuse par un bourrelet cartilagineux qui s'insère sur son pourtour.

Cette articulation est protégée par une voûte formée par l'acromion et l'apophyse coracoïde réunis par un ligament.

B **Moyens d'union.** — Les deux os sont réunis par une capsule articulaire, sorte de manchon fibreux s'insérant sur le pourtour de la cavité glénoïde et de la tête de l'humérus.

Les *tendons de certains muscles du bras renforcent cette articulation.*

C **Mouvements.** — C'est dans cette articulation que les mouvements sont les *plus étendus; ils se passent dans toutes les directions.*

L'abduction, ou élévation latérale, est arrêtée à l'horizontale par la rencontre de l'extrémité supérieure de l'humérus avec l'acromion. Le bras peut encore s'élever jusqu'à la verticale par un mouvement de bascule de l'omoplate.

On s'aperçoit de ce mouvement en faisant élever verticalement le bras d'un sujet, après avoir placé *la main* sur l'omoplate.

L'adduction, ou abaissement, est le retour du bras le long du corps.

La flexion, ou élévation en avant, est étendue.

L'extension, ou mouvement en arrière, est plus limitée.

La rotation en dedans et en dehors est limitée par l'enroulement des muscles et la tension de la capsule.

Le mouvement de fronde est très étendu.

3° ARTICULATION DU COUDE (fig. 22 et 23).

Elle réunit le bras à l'avant-bras et est constituée par trois os : l'humérus en haut et le radius et le cubitus en bas (le radius se trouvant en dehors du cubitus).

A **Surfaces articulaires.** — En dedans, la poulie de l'extrémité inférieure de l'humérus (trochlée humérale) s'articule avec la grande cavité sigmoïde du cubitus. En dehors, le condyle de l'humérus s'articule avec l'extrémité supérieure du radius.

B **Moyens d'union.** — Une capsule fibreuse entoure ces trois os. Elle est lâche en avant et en arrière et protégée par les tendons des muscles. Elle est renforcée de chaque côté par des ligaments très résistants, consolidant l'articulation et empêchant les mouvements de latéralité.

C **Mouvements.** — D'après la disposition des surfaces articulaires et la résistance des ligaments latéraux, les seuls mouvements permis sont la *flexion* et l'*extension*.

La flexion est limitée par la rencontre de l'avant-bras avec le bras.

Dans ce mouvement, l'apophyse coronoïde du cubitus vient se loger dans la fossette correspondante de l'humérus.

L'extension est limitée par l'olécrâne du cubitus, qui bute dans la cavité olécrânienne de l'humérus.

4° ARTICULATIONS DES OS DE L'AVANT-BRAS (fig. 24).

Le radius et le cubitus s'articulent ensemble en haut et en bas et sont séparés à la partie moyenne par le ligament inter-osseux.

La rotation de l'avant-bras se passe dans ces deux articulations, car, comme nous venons de le voir, le coude ne permet que la flexion et l'extension.

A **Surfaces articulaires.** — *En haut :* l'extrémité supérieure du radius roule dans la petite excavation signalée sur le côté externe du cubitus. Elle est maintenue en place par un ligament en forme d'anneau qui l'enserre.

En bas : l'extrémité inférieure du cubitus se loge dans la petite excavation signalée sur le côté interne du radius.

B **Mouvements.** — Ces articulations permettent la rotation de l'avant-bras.

Le membre supérieur, dans sa position de repos, pend le long du corps, la paume de la main regardant en dedans et le pouce en avant.

Dans la rotation en dehors ou *supination*, la paume de la main se trouve en avant.

Dans la rotation en dedans ou *pronation*, la paume de la main se trouve en arrière.

Dans la supination, les deux os sont parallèles.

Dans la pronation, le cubitus, engrainé par la grande cavité sigmoïde dans la poulie humérale, reste immobilisé, le radius tourne autour du cubitus et les deux os se croisent en formant un X.

Il ne faut pas oublier que, dans la rotation du membre supérieur, la rotation de l'avant-bras est complétée par la rotation de l'humérus.

5° ARTICULATION DU POIGNET (fig. 25).

Elle réunit la main à l'avant-bras.

A **Surfaces articulaires.** La rangée supérieure des os du carpe forme un massif osseux, en forme de *condyle* qui roule dans une cavité allongée transversalement formée aux dépens de l'extrémité inférieure des os de l'avant-bras, surtout du radius.

B **Moyens d'union.** — Une capsule fibreuse renforcée par des ligaments et les tendons des muscles entoure cette articulation.

C **Mouvements.** — Les mouvements permis sont : la flexion et l'extension.

Les mouvements de latéralité : abduction et adduction ; le mouvement de fronde.

La *flexion* par laquelle la paume de la main s'incline vers l'avant-bras est très étendue et n'est limitée que par la tension du ligament postérieur.

L'*extension* est le mouvement inverse limité par la tension du ligament antérieur.

La flexion et l'extension peuvent atteindre des limites de 180°.

Dans l'*adduction* le rebord de la main, constitué par le petit doigt, s'incline transversalement vers le cubitus.

Dans l'*abduction* le rebord de la main, constitué par le pouce, s'incline transversalement vers le radius.

Les mouvements de latéralité sont limités par le contact des apophyses styloïdes avec le carpe, et par la tension des ligaments latéraux.

Le *mouvement de fronde* dépend des quatre mouvements précédents.

6° ARTICULATIONS DE LA MAIN (fig. 25).

Les os du carpe s'articulent entre eux, les articulations permettent des mouvements peu étendus, si on les considère isolément, mais totalisés et considérés dans leur ensemble ils sont plus étendus et il ne faut pas oublier qu'ils s'ajoutent au mouvement du poignet et les complètent.

La rangée inférieure des os du carpe s'articule avec les cinq métacarpiens.

Les métacarpiens s'articulent avec les doigts. Le pouce est très mobile et peut rentrer en contact (*s'opposer*) avec les autres doigts.

Chapitre X

Articulations du membre inférieur

Nous étudierons successivement :

1° L'articulation de la hanche ;
2° L'articulation du genou ;
3° L'articulation du cou-de-pied ;
4° Les articulations du pied.

1° ARTICULATION DE LA HANCHE (fig. 26 et 27). — Elle réunit le membre inférieur au bassin, le fémur à l'os iliaque.

A. **Surfaces articulaires.** — La tête du fémur, sphérique, vient s'emboîter dans la cavité cotyloïde de l'os iliaque. Comme cette cavité est plus petite que la tête du fémur, un bourrelet cartilagineux couronne son contour et l'agrandit.

B. **Moyens d'union.** — Une capsule fibreuse très résistante entoure cette articulation. Elle est doublée extérieurement par des ligaments très résistants de renforcement. Le plus intéressant à connaître est le ligament *antérieur,* très solide, appelé le *ligament de Bertin* (fig. 26, 4).

Cette articulation possède en outre un ligament intérieur, le *ligament rond,* cordon fibreux qui relie la dépression de la tête fémorale au centre de la cavité cotyloïde. La pression atmosphérique aide au maintien des surfaces en contact (expérience des frères Weber), car le vide existe dans la jointure.

De plus, comme l'épaule, la hanche est fortement matelassée sur son pourtour par des muscles.

C. **Mouvements.** — De même que l'épaule, elle permet des mouvements dans toutes les directions : flexion et extension, abduction et adduction, mouvement de fronde, rotation en dehors et en dedans.

Mais l'épaule est très mobile, tandis que la hanche est très solide.

Dans la *flexion,* la face antérieure de la cuisse se relève et se rapproche de l'abdomen. Ce mouvement (130° environ) est limité par la tension du ligament postérieur et par la rencontre de la cuisse avec l'abdomen.

L'*extension* est très limitée, car le ligament de Bertin se tend et arrête le mouvement.

Par l'*adduction*, la cuisse se rapproche de la cuisse voisine ou la croise. Elle peut atteindre 45° et est limitée par la tension de la capsule.

L'*abduction* éloigne la cuisse de l'autre et paraît limitée par le contact du fémur avec le bourrelet de la cavité cotyloïde.

Le *mouvement de fronde* est plus limité que celui de l'épaule.

Par contre, les mouvements de rotation sont plus étendus (90°).

Dans la *rotation en dehors*, la pointe du pied se tourne en dehors. Elle se tourne en dedans dans la *rotation en dedans*.

2° ARTICULATION DU GENOU.

Elle réunit la jambe à la cuisse et est formée par le concours du fémur, du tibia et de la rotule.

A **Surfaces articulaires.** L'extrémité inférieure du fémur, large massif osseux, se caractérise par deux surfaces articulaires, arrondies, les *condyles fémoraux*, séparées en arrière par une large échancrure et réunies en avant par une sorte de poulie couverte de cartilage.

Les condyles s'articulent avec les deux dépressions du plateau tibial, séparées par une épine médiane. La rotule roule dans la poulie antérieure.

Les deux dépressions peu profondes du tibia sont agrandies par deux fibro-cartilages intra-articulaires ou *ménisques* en forme de croissant, qui rétablissent la concordance parfaite entre les condyles fémoraux et les cavités correspondantes du tibia. En outre, ils forment un coussinet qui protège l'articulation contre les chocs.

B **Moyens d'union.** — Une capsule en forme de manchon entoure cette articulation.

Elle se trouve renforcée par des ligaments en avant, en arrière et sur les côtés.

Le ligament antérieur très épais s'insère à la rotule d'une part et à la tubérosité antérieure du tibia d'autre part.

Nous verrons, en étudiant les muscles, que ce ligament n'est que la continuation du tendon du muscle extenseur de la jambe sur la cuisse.

Enfin, deux ligaments s'entrecroisent à l'intérieur de l'articulation. Ils s'insèrent à l'épine du tibia et à chaque condyle fémoral. Ce sont les *ligaments croisés* (fig. 29 (11)).

Dans cette articulation, tout concourt donc à augmenter la solidité : largeur et épaisseur des extrémités osseuses, présence des ménisques, multiplicité des ligaments.

C. **Mouvements**. — La rotule sert à protéger le genou en avant et à corriger le parrallélisme d'insertion du muscle extenseur de la jambe sur la cuisse. Elle est l'analogue de l'olécrâne du cubitus.

La *flexion* rapproche le mollet de la face postérieure sur la cuisse et est limitée par le contact des masses musculaires de ces deux segments.

L'*extension* est peu étendue. La jambe se met dans le prolongement de la cuisse, ce mouvement est limité par la tension des ligaments postérieurs, croisés et latéraux.

La flexion et l'extension se combinent avec un certain mouvement de rotation qui fait que le talon se rapproche du plan médian du corps dans la flexion, tandis qu'il s'en éloigne dans l'extension.

La rotation en dedans et en dehors varie suivant la position de la jambe ; nulle dans l'extension, elle atteint son maximum dans la demi-flexion.

3° Nous signalerons pour mémoire seulement que le tibia et le péroné sont unis entre eux par leurs deux extrémités et séparés à la partie médiane par un ligament inter-osseux, car les articulations de ces deux os sont presque immobiles.

4° ARTICULATION DU COU-DE-PIED (fig. 30).

Elle réunit le pied à la jambe, l'astragale au tibia et au péroné.

A. **Surfaces articulaires**. — Le tibia et le péroné, solidement liés ensemble, forment une mortaise limitée latéralement par les chevilles (malléoles).

La cheville du tibia est interne, celle du péroné est externe.

Dans cette mortaise s'engage l'astragale, qui présente une facette supérieure glissant dans le fond de la mortaise et deux facettes latérales répondant à la paroi interne des malléoles. La disposition en forme de mortaise de cette articulation lui assure une grande solidité.

B. **Moyens d'union**. — Une capsule fibreuse renforcée par des ligaments. Les ligaments latéraux sont très résistants. Le tendon du muscle extenseur du pied sur la jambe (tendon d'Achille) remplace le ligament postérieur peu développé.

C. **Mouvements**. — Les mouvements fondamentaux permis sont la flexion et l'extension.

La *flexion*, par laquelle le dos du pied s'élève vers la jambe, et l'*extension*, mouvement inverse, ont une amplitude de 70 à 75° environ et sont limités par la tension des ligaments.

3° ARTICULATIONS DU PIED.

A Le pied peut pourtant exécuter d'autres mouvements que ceux de flexion et d'extension : la pointe du pied peut se porter en dedans (adduction) et en dehors (abduction). Le bord interne du pied peut s'élever en dirigeant la plante du pied en dedans (rotation en dedans); dans la *rotation en dehors*, le bord externe du pied s'élève en dirigeant la plante en dehors.

Ces divers mouvements se passent dans les articulations des os du tarse.

B Comme pour la main : les métatarsiens s'articulent avec les os du tarse et les orteils avec les métatarsiens. Leurs mouvements sont moins étendus que ceux de la main et le gros orteil n'a point l'indépendance du pouce.

LES MUSCLES

« *Le poids des muscles est environ celui de la moitié du corps.* »

Chapitre XI

Anatomie générale des Muscles

DÉFINITION ET DIVISION. — Les muscles sont des organes qui ont la propriété de se *contracter*, c'est-à-dire de diminuer de longueur, sous l'influence d'un excitant. Ils se divisent en :

Muscles à fibres striées ou muscles de la vie de relation ;
Muscles à fibres lisses ou muscles de la vie végétative.

Ces derniers sont pâles et se contractent très lentement sans que la volonté puisse intervenir ; on les rencontre dans la texture des différents organes des appareils de la vie végétative (digestion, respiration, circulation) ou de la génération, sous la forme de membranes plus ou moins continues : les tuniques musculeuses.

Nous ne nous occuperons ici que des muscles à fibres striées.

MUSCLES A FIBRES STRIÉES (fig. 31 et 32).

Les muscles à fibres striées sont :

1° Les masses rouges et charnues qui entourent le squelette, et qui constituent, chez les animaux, la viande de boucherie.

Ils sont soumis à l'action de la volonté.

Ils mobilisent les leviers osseux et forment la partie active et volontaire du moteur humain.

2° *Poids et nombre.* — Au nombre maximum de 501, ils représentent à peu près *les 3/4 du poids total du corps humain.* Leur développement est en rapport avec le genre d'exercice ou les professions et peut être irrégulier. Une éducation physique rationnelle doit avoir pour but de corriger ce défaut et de rétablir l'harmonie des groupes musculaires, suivant leur importance physiologique.

3° *Forme*. — Leur forme est très variée :

A Ils sont *longs* en forme de fuseau. Ex. : Muscles des membres, biceps.

B Ils sont *larges*. Ex. : muscles disposés autour des grandes cavités du tronc, thorax, ventre, diaphragme.

C Ils sont *courts* partout où les mouvements ont peu d'étendue et exigent beaucoup de force. Ex. : muscles des gouttières vertébrales.

D Autour des orifices naturels, ils ont une forme en anneau qui leur permet de fermer l'orifice (sphincters).

4° *Insertions*. — Libres à leur partie moyenne, les muscles se fixent par leurs deux extrémités sur deux pièces du squelette qu'ils rapprochent l'une de l'autre pendant leur contraction.

Ils possèdent au moins, deux *points d'insertion* ; l'un est dit *point mobile* quand il appartient à l'os mis en mouvement et il se rapproche de l'autre appelé *point fixe*, lequel ne bouge pas et sert ainsi d'appui.

Pour un même muscle, chacun de ses points d'insertion peut, suivant les cas, jouer le rôle de point fixe ou de point mobile. Ex. : le biceps du bras s'attache à l'omoplate d'une part et à l'avant-bras d'autre part. Il fléchit l'avant-bras sur le bras si son point mobile est à l'avant-bras. Si au contraire ce dernier point est fixé par l'immobilisation de l'avant-bras (grimper) le biceps fléchit le bras sur l'avant-bras.

En général, les muscles qui meuvent un segment s'insèrent sur le segment placé directement au-dessus. Ainsi les muscles moteurs du bras s'insèrent à l'épaule. Mais assez souvent les muscles longs se fixent encore plus haut, et passent ainsi au-devant de plusieurs articulations. Ils concourent au mouvement de toutes ces articulations. Ex. : Un muscle dont une portion va du bassin à la jambe (quadriceps crural) étend d'abord la jambe sur la cuisse, puis fléchit la cuisse sur le bassin.

L'insertion d'un muscle se fait directement sur l'os ou par l'intermédiaire d'un *tendon*, communément et improprement appelé « nerf ». Le tendon est un cordon cylindrique ou aplati, de coloration blanchâtre, en tissu fibreux (analogue à celui des ligaments articulaires) *très résistant et inextensible*. Cette inextensibilité du tendon est très importante, car le muscle, en se contractant, agit sans retard et sans déperdition de force sur le levier osseux. Ce mode d'attache permet, en outre, au muscle de concentrer sa force en un point limité.

Parfois le tendon est étalé en forme de large membrane, appelée *aponévrose d'insertion*.

Les faisceaux musculaires peuvent s'insérer bout à bout sur le tendon. Ils peuvent se rendre latéralement sur le tendon comme les barbes d'une plume sur la tige centrale et l'insertion est dite *penniforme* (fig. 90). Certains muscles ont trois chefs : ils sont appelés *triceps;* ceux qui en ont deux s'appellent *biceps.*

Enfin, quelques-uns, outre leurs tendons d'insertion, présentent un ou plusieurs tendons à leur partie moyenne. Exemple : le muscle grand droit de l'abdomen.

5° DIRECTION. — Les muscles des membres sont rectilignes et parallèles à l'axe des leviers osseux. Ce parrallélisme est défavorable à l'action de l'application de la force qui a tendance à serrer les os les uns contre les autres sans produire de mouvement. Pour corriger ce parrallélisme, les extrémités osseuses sont renflées de façon à relever les tendons, position qui agrandit leur angle d'incidence sur les os et favorise leur puissance, qui s'exerce toujours suivant le dernier élément du tendon. La rotule agit de même.

6° STRUCTURE. — Le tissu musculaire strié se distingue par le parallélisme des faisceaux qui le composent. Chaque muscle est réductible en *faisceaux* de plus en plus nombreux et de moins en moins volumineux. Ces filaments parallèles sont très visibles sur le bœuf bouilli.

Le dernier terme des faisceaux qu'on ne peut plus décomposer est la *fibre musculaire striée* (fig. 32, B). C'est l'élément primordial du muscle. Elle est cylindrique, longue de 4 centimètres environ sur un dixième de millimètre de large.

Elle comprend :

a) Une membrane d'enveloppe ou *sarcolemme ;*

b) Des noyaux aplatis sous l'enveloppe ;

c) Un protoplasme *strié* transversalement.

Ces stries sont formées par la juxtaposition de disques opaques et de disques clairs.

Comme tous les organes, le muscle possède des *vaisseaux* et des *nerfs.* Ceux-ci s'y subdivisent à l'infini dans leur épaisseur.

Les nerfs sont *sensitifs* ou *moteurs.*

Les ramuscules sensitifs sillonnent les interstices musculaires et renseignent notre cerveau sur la contraction. (Sensibilité musculaire).

Les ramuscules moteurs se terminent sur la fibre musculaire par une *plaque terminale.* La gaîne du filet nerveux se continue par la gaîne de la fibre musculaire.

7° ORGANES ANNEXES DES MUSCLES.

Ce sont :

A Les *aponévroses*, lames fibreuses très résistantes quoique fort souples : d'une couleur blanchâtre, qui enveloppent les muscles et s'opposent à leur déplacement pendant la contraction. Ce sont des aponévroses de contention dans lesquels ils glissent.

Chaque muscle a ainsi une *aponévrose d'enveloppe* qui forme un manchon enveloppant les masses musculaires. De ce manchon partent des cloisonnements intérieurs qui vont vers le squelette et divisent le muscle en loges secondaires.

B *Les gaines tendineuses*, ou arcades fibreuses, qui se fixent au bord des gouttières osseuses logeant les tendons. Elles transforment ces gouttières en *canaux ostéo-fibreux*, dans lesquels les tendons sont maintenus et glissent. Exemple : gaine fibreuse d'un tendon fléchisseur du doigt. On les rencontre à la main et au pied, au poignet et au cou-de-pied.

C Elles sont doublées et tapissées par les *gaines synoviales*, sorte de sacs fermés remplis d'un liquide séreux qui favorise le glissement.

8° CLASSIFICATION DES MUSCLES.

Nous connaissons les mouvements des différentes articulations; aussi est-il facile de concevoir qu'il y a, pour une articulation, susceptible de flexion et d'extension, par exemple, un ou plusieurs muscles fléchisseurs et extenseurs. De même, nous trouverons des muscles adducteurs, abducteurs, rotateurs.

La circumduction résulte de l'intervention successive des fléchisseurs, des abducteurs, des extenseurs et des adducteurs.

Ce sont les articulations qui règlent la direction du mouvement d'après la disposition des surfaces articulaires et des moyens d'union. Les mouvements des muscles ne peuvent donc être que ceux que permettent les articulations. Quel que soit le sens de la traction imprimée à une porte, par exemple, la forme des charnières n'en permet que la fermeture ou l'ouverture.

La direction des fibres d'un muscle étant connue, ainsi que le dispositif articulaire, il est facile d'en déduire son action. Mais les fibres de certains muscles sont divergentes, disposées en éventail. Il faut attribuer à ces muscles autant d'actions différentes qu'il y aura de directions différentes de fibres. Ex. : le deltoïde élève le bras à l'horizontale (abduction), mais il le porte en avant (flexion) par ses fibres antérieures; en arrière (extension) par ses fibres postérieures.

Chapitre XII

Physiologie élémentaire des muscles et fibres striées

Nous ne nous occuperons ici que de la physiologie des muscles de la vie de relation, *ou muscles à fibres striées,* et nous étudierons leurs propriétés, ainsi que la contraction musculaire avec les phénomènes physiques, chimiques, mécaniques et microscopiques.

1° **PROPRIÉTÉ DES MUSCLES.** — Les muscles possèdent deux propriétés essentielles :

l'élasticité,
la contractilité.

A Élasticité. — Le muscle est *faiblement* mais *parfaitement* élastique : si on l'étire il s'allonge, puis revient lentement mais parfaitement à sa forme primitive, quand la traction cesse.

Sauf dans les cas de relâchement complet du muscle dont les insertions sont rapprochées au-delà d'une certaine limite, cette élasticité n'est jamais satisfaite : *le muscle tire constamment sur ses points d'attache.* Voilà pourquoi il se raccourcit quand on sectionne l'un de ses tendons. Cette distension du muscle vivant au repos, a été appelée, par certains auteurs, la *tonicité ou tonus musculaire.* Elle est sous la dépendance, non seulement de l'élasticité, mais encore de l'influx nerveux. C'est donc une sorte de demi-contraction, indépendante de la volonté qui implique une activité constante du tissu musculaire (même pendant le sommeil) et qui cesse lorsqu'on coupe le nerf moteur du muscle ou dans l'anesthésie.

Cette faible distension du muscle est très importante, car, sans elle, le muscle perdrait un certain temps, au début de sa contraction, avant d'atteindre le degré de raccourcissement nécessaire pour agir sur les os. De plus elle maintient les surfaces articulaires en contact. C'est à ce tonus qu'est dû le chevauchement des os en cas de fracture.

La tonicité s'accroit par l'exercice : les fléchisseurs du corps que nous contractons le plus souvent ont plus de tonus que les extenseurs (position demi-fléchie du sommeil, des gymnastes aux agrès). Aussi devons-nous développer rationnellement la tonicité des extenseurs trop souvent négligée.

B **Contractilité.** — Toute cellule vivante est *irritable*, et cette irritabilité atteint au plus haut degré la fibre musculaire.

La contractilité du muscle se traduit par un changement de forme : *raccourcissement et augmentation d'épaisseur* sous l'influence d'un excitant.

L'excitant physiologique est l'influx nerveux qui arrive aux muscles par le nerf moteur. Mais le muscle est aussi directement excité par :

les excitants mécaniques (pincement, piqûre, etc.) ;
les excitants chimiques (acides) ;
les excitants thermiques (chaleur) ;
l'électricité dont on se sert pour les expériences de laboratoire.

Il a été démontré que la contractilité du muscle est une propriété inhérente au muscle, et non au nerf. Si l'on coupe le nerf moteur, le muscle peut se contracter quand même.

2° SENSIBILITÉ MUSCULAIRE. — Le muscle, avons-nous dit, est sillonné par des filets sensitifs. De même les articulations en sont pourvues. Ces nerfs renseignent constamment les centres nerveux sur la position de nos segments, sur la force déployée par la contraction, sur la vitesse du mouvement, etc. Nous possédons un véritable sens musculaire à l'aide duquel nous arrivons à trier les muscles destinés à produire un mouvement donné, à doser leur force de contraction. Dans certaines maladies nerveuses, ce sens est aboli et le malade à qui on ferme les yeux ne peut se rendre compte de la position occupée par ses membres, quand on lui fléchit la jambe par exemple.

3° LA CONTRACTION MUSCULAIRE. — Elle résulte d'une variation subite dans l'arrangement intime des fibres musculaires et l'explosion d'énergie qui se produit alors peut être comparée à la déflagration d'un tas de poudre.

Le muscle se raccourcit, devient dur, diminue de longueur, augmente en épaisseur, mais sans changer de volume.

Le raccourcissement maximum des muscles détachés de leurs insertions est du 2/3. Cependant, normalement, le jeu des pièces osseuses ne permet environ qu'un raccourcissement de 1/3.

A **Analyse de la contraction musculaire.** — Pour cette analyse, on utilise *la méthode graphique de Marey*, qui consiste à fixer l'extrémité d'un muscle à un levier métallique qui se déplace devant un cylindre tournant enregistreur noirci à la fumée. On envoie au muscle une excitation électrique : il se raccourcit et soulève le levier, lequel inscrit le déplacement sur le cylindre (fig. 91).

a) Si l'on fait passer dans le muscle une excitation électrique *très courte*, le muscle répondra par une contraction très brève appelée *secousse musculaire* (fig. 92). On remarque dans le graphique de la secousse musculaire : *a) une période d'excitation latente*. C'est le temps perdu entre le moment précis où le muscle est excité et celui où il se contracte. Cette période, qui dure un centième de seconde environ, est augmentée par la fatigue, le froid, la charge et est diminuée par la chaleur et l'intensité plus grande de l'excitation.

b) Une période d'énergie croissante ;

c) Une période d'énergie décroissante.

L'amplitude de la courbe (en rapport avec le degré de raccourcissement du muscle) diminue avec toutes les causes qui affaiblissent l'irritabilité du muscle (fatigue, froid). Elle augmente avec l'intensité de l'excitant. *Donc, à volume des muscles égal, celui dont l'excitant (volonté) est plus intense, a une plus grande force musculaire.*

Il faut remarquer enfin que, pour une même intensité d'excitant, l'amplitude de la secousse augmente par la répétition des excitations; une première excitation rend le muscle apte à réagir plus vite et plus fort à une deuxième excitation. *Donc, après un travail musculaire préparatoire, la machine humaine sera plus apte à fournir un meilleur rendement avec une intensité d'influx nerveux moins forte.*

B. Contraction musculaire permanente. — Si l'on fait passer dans le muscle une série d'excitations rapides (30 à 35 par seconde), les secousses musculaires se fusionnent et le muscle entrera en *contraction permanente*, en *tétanos physiologique*. On perçoit très bien cette succession de secousses musculaires en serrant les mâchoires, c'est-à-dire en contractant les muscles masticateurs.

Un muscle peut rester contracté malgré la volonté.

C'est l'accident douloureux de la crampe.

C. Phénomènes physiques de la contraction musculaire.

Dégagement de chaleur. — Les muscles constituent la source principale de la chaleur du corps. Les phénomènes chimiques d'oxydations des muscles qui se contractent donnent un dégagement de chaleur et une production de travail mécanique.

La chaleur musculaire diminue par le repos, pendant le sommeil, dans l'état de fatigue et augmente pendant l'exercice.

On obtient le maximum de chaleur quand on excite le muscle sans lui faire produire de travail mécanique (contraction statique).

D'autre part, avec une même intensité d'excitation, la chaleur produite est plus forte si le muscle éprouve une plus grande résistance dans sa contraction que s'il se contracte librement; d'où il apparaît que le muscle est une machine de grande perfection qui règle d'elle-même sa dépense d'énergie suivant l'effort à vaincre. *Cette dépense d'énergie sera d'ailleurs mieux réglée, mieux dosée, par l'éducation des muscles (gymnastique éducative) et la machine se perfectionnera par l'exercice.*

D) Phénomènes mécaniques de la contraction musculaire.

Travail mécanique. — Si on excite un muscle après avoir suspendu un poids à l'une de ses deux extrémités, le muscle se contractera et le poids sera mis en mouvement et soulevé.

Il y aura donc production de *travail mécanique*.

Dans ce cas, la contraction sera *dynamique*.

Cette contraction dynamique sera *concentrique* quand le muscle se raccourcira et le travail produit sera *positif*. La contraction dynamique sera *excentrique* quand le muscle s'allongera tout en résistant et le travail produit sera négatif.

Le travail des muscles s'évalue en kilogrammètres, en multipliant le poids soulevé par la hauteur du soulèvement.

$T = P \times H$ (T, représentant le travail ; P, le poids ; H, la hauteur).

P est proportionnel à l'épaisseur des muscles, par conséquent à la quantité de ses fibres rouges.

H est proportionnel à la longueur de sa partie contractile (fibres rouges).

La formule du travail négatif est la même que celle du travail positif.

La *force absolue* du muscle (poids maximum qu'il peut soulever) a été évaluée très approximativement à 6 ou 8 kg. par centimètre carré de section.

Si le poids est maintenu soulevé pendant un certain temps, la contraction est dite *statique ;* il n'y a pas de travail mécanique extérieur, mais un *travail intérieur* avec dégagement de chaleur plus considérable.

D'une façon générale, d'après la théorie de Chauveau, les muscles sont le siège de phénomènes chimiques d'oxydation que nous allons connaître tout à l'heure.

Cette énergie chimique, résultat du travail extérieur, donne naissance à une sorte d'*énergie élastique* qui se transforme en travail mécanique extérieur et en chaleur dans la contraction dynamique et simplement en chaleur dans la contraction statique.

Le muscle est une machine parfaite qui transforme l'énergie chimique en travail dans de plus grandes proportions qu'une machine ordinaire. De plus, la chaleur dégagée n'est pas perdue inutilement, comme dans un moteur ordinaire, puisqu'elle contribue à l'entretien de la chaleur animale.

La quantité de travail musculaire augmente avec l'intensité de l'excitation ;

un effort de volonté, la colère, peuvent, par exemple, augmenter l'intensité de la contraction, donc la somme de travail musculaire. La fatigue et la peur diminuent la quantité de travail.

E Phénomènes chimiques de la contraction musculaire.

Composition chimique du muscle. — Les muscles contiennent 75 pour 100 d'eau, des sels (chlorures, phosphates de potasse, etc.), des albumines (*myosine*), des substances hydrocarbonées, dont la plus importante est le *sucre musculaire*, des gaz (oxygène et acide carbonique) et une matière colorante analogue à l'hémoglobine du sang qui donne au muscle sa coloration rouge.

Nutrition du muscle. — *a)* Au repos, le muscle respire, c'est-à-dire emprunte de l'oxygène au sang et lui rend de l'acide carbonique.

b) Pendant la contraction, la circulation sanguine devient trois plus active. Le muscle consomme plus du triple d'oxygène et dégage une grande quantité d'acide carbonique.

Cette respiration interne du muscle en contraction prouve que, si la masse musculaire est développée, la capacité respiratoire doit être proportionnellement développée et que l'activité de cette masse a une grande action sur l'activité respiratoire, par conséquent sur le développement de la cage thoracique.

Donc au repos comme pendant la contraction, le muscle consomme de l'oxygène; il *oxyde* sa matière. Pendant la contraction, le travail intérieur est produit par des oxydations plus intenses. Nous verrons, en étudiant la respiration, à quoi peuvent être comparées ces oxydations.

Ces oxydations produisent de l'énergie chimique qui se transforme finalement en chaleur et travail.

Les oxydations se font aux dépens des substances hydrocarbonées (sucre musculaire fourni par le sang et emmagasiné par les muscles). Les produits de déchets, les *cendres* de la combustion de ce sucre sont surtout l'*acide lactique* et l'*acide carbonique*.

L'albumine du muscle est-elle oxydée ?

Non, car la production d'*urée* (produit de déchet de la combustion des albuminoïdes éliminé par les reins) n'augmente pas dans l'urine après un travail musculaire important.

Néanmoins, quand le muscle *fatigue* trop, il n'y a plus assez de sucre musculaire pour son travail, surtout si la circulation du sang est gênée, comme dans la contraction statique prolongée, et pour pouvoir se contracter, il oxyde son tissu noble, c'est-à-dire son albumine.

On se rend compte, dès maintenant, du danger d'une gymnastique basée sur la contraction statique prolongée, sans alternance bien réglée du repos et de l'activité.

Nous étudierons la fatigue en physiologie appliquée ; un muscle qui se fatigue perd peu à peu sa propriété de contractilité ; de plus, les déchets de la contraction (acide lactique, acide carbonique) s'accumulent dans ses mailles et les acides ont tendance à coaguler la myosine du muscle et à provoquer la rigidité du muscle, analogue à la rigidité du cadavre. Cela explique pourquoi un animal mort forcé présente, *immédiatement après sa mort*, la rigidité cadavérique.

Cela explique aussi pourquoi un repos est nécessaire après une contraction prolongée pour permettre au sang de balayer ces acides.

F **Phénomènes microscopiques.** — Dans la contraction musculaire, les *disques opaques* se raccourcissent et augmentent d'épaisseur, tandis que les *disques clairs* s'étendent. Il semble donc que la partie contractile de la fibre musculaire striée soit formée par les disques opaques, les disques clairs en constituant la partie élastique.

Chapitre XIII

Des muscles en particulier

Nous avons essayé de simplifier, dans la plus large mesure, l'analyse des muscles, si longue et aussi si ardue quand on n'étudie pas les muscles le scapel à la main. Nous ne décrirons que les muscles qui intéressent spécialement le mécanisme biologiste. Nous ferons d'abord de la *description* de l'*analyse* en étudiant chaque muscle (insertions et action sur les leviers osseux) suivant les régions du corps. A la fin de chaque chapitre nous ferons de la *synthèse* en groupant les muscles suivant les mouvements qu'ils impriment aux segments.

Le nombre des figures de l'atlas étant restreint, le stagiaire étudiera utilement ses muscles sur le squelette, sur l'homme clastique du Dr Auzoux et sur les planches d'anatomie. *Il ne devra pas seulement faire travailler sa mémoire, mais il mettra en jeu son raisonnement*, en essayant de *raisonner l'anatomie*. Par exemple, connaissant bien les leviers osseux, la forme des articulations, la direction des faisceaux musculaires, il devra raisonner et se bien rendre compte des différents modes d'action des muscles.

Enfin, pour abréger la description des muscles, les abréviations suivantes seront employées :

I. s. — Insertion supérieure.
I. i. — Insertion inférieure.
I. ext. — Insertion externe.
I. int. — Insertion interne.
A. - Action.

MUSCLES DE LA TÊTE ET DU TRONC

Muscles de la tête. — Les muscles du crâne et de la face ne nous intéressent pas. Ils sont, soit *peauciers*, c'est-à-dire insérés à la peau qu'ils plissent, donnant ainsi l'expression au visage, soit *masticateurs*.

MUSCLES DU COU

Région du cou.

A 1° *Région antérieure.* — C'est au devant du cou que passent les conduits de l'air (*larynx* et *trachée*) et des aliments (œsophage) qui se rendent aux organes contenus dans le tronc (voir respiration et digestion). Si nous disséquons cette région, nous trouvons, en allant de la peau vers la colonne vertébrale :

a) *Sous la peau :* des muscles qui servent à faire mouvoir ces conduits (déglutition, phonation) ;

b) Le larynx et la trachée-artère ;

c) L'œsophage ;

d) Enfin, placé en avant de la colonne cervicale et directement contre elle, des *muscles prévertébraux,* composés de petites languettes s'insérant, d'une part, sur les vertèbres cervicales, et, d'autre part, en avant du trou occipital. Ces muscles sont fléchisseurs de la tête et de la colonne vertébrale.

2° *Région latérale.* — De chaque côté du cou, les muscles de cette région forment les parties latérales de la gouttière où cheminent le larynx, la trachée-artère et l'œsophage, les principaux sont :

a) Le *sterno-cléïdo-mastoïdien,* placé sous la peau ;

b) Les *scalènes,* placées profondément.

a) **Sterno-cléïdo-mastoïdien** (fig. 34). — Son nom indique ses insertions : il descend de la tête (apophyse mastoïde) au sternum et à la clavicule et forme la saillie latérale du cou.

I. s. Apophyse mastoïde du temporal.

I. i. Par deux chefs à l'extrémité interne de la clavicule, et à l'extrémité supérieure du sternum.

A. *Point fixe au sternum.* — Ce muscle oblique incline la tête de son côté et lui fait exécuter une rotation qui porte le menton du côté opposé (torticolis). Lorsque les deux muscles se contractent ensemble, ils fléchissent simplement la tête.

Point fixe à la tête. — Ils soulèvent le sternum et les côtes dans l'inspiration forcée.

b) **Scalènes** (fig. 36) au nombre de deux : le *scalène antérieur* et le *scalène postérieur ;* ils sont situés sous le sterno-cléïdo-mastoïdien.

I. s. Par plusieurs languettes aux apophyses transverses des vertèbres cervicales.

I. i. L'antérieur à la partie moyenne de la 1re côte ; le postérieur à la partie moyenne des 1re et 2e côtes.

A. Point fixe sur la colonne cervicale ; ils sont surtout *inspirateurs.*

Point fixe sur les côtes immobilisées ; ils inclinent la colonne cervicale de leur côté, s'ils se contractent isolément.

En se contractant ensemble, ils appliquent chaque vertèbre l'une sur l'autre en maintenant le cou ainsi rigide (action de supporter un fardeau sur la tête).

3° **Région postérieure.** — La région postérieure du cou s'appelle la nuque. Les muscles de cette région dont certains sont communs à la nuque et au dos sont étudiés ci-dessous.

B **Région de la nuque et du dos.** — Cette région s'étend de la tête au coccyx. Sur l'homme clastique, l'on peut voir qu'elle est recouverte superficiellement par deux *larges* muscles.

a) le *trapèze* en haut.

b) le *grand dorsal* en bas.

a) **Trapèze** (fig. 37). — Muscle triangulaire allant de la colonne vertébrale à l'épaule.

I. int. Il s'étend de l'occipital jusqu'à la dixième vertèbre dorsale, en suivant la ligne des apophyses épineuses.

I. ext. Les fibres vont en convergeant s'insérer à la partie externe de la clavicule, à l'acromion et à l'épine de l'omoplate.

A *Point fixe sur la colonne vertébrale.* — Ses faisceaux supérieurs obliquement descendants élèvent le moignon de l'épaule tout en portant l'épaule en dedans, c'est-à-dire en rapprochant le bord spinal de l'omoplate de la colonne vertébrale.

Ses faisceaux moyens horizontaux portent l'épaule en dedans.

Ses faisceaux inférieurs, obliquement ascendants abaissent l'extrémité interne de l'épine de l'omoplate, font basculer par conséquent l'omoplate en élevant le moignon.

Donc *élévation du moignon de l'épaule avec rapprochement puissant des omoplates en arrière.* Par sa tonicité ce muscle maintient l'épaule à sa hauteur normale.

Point fixe sur l'épaule. — Ses faisceaux supérieurs inclinent la tête avec rotation portent le menton du côté opposé. Dans l'acte de grimper il peut, par ses faisceaux inférieurs, aider à soulever le corps.

b) **Grand dorsal** (fig. 44). — Il recouvre la partie inférieure de la colonne vertébrale.

I. int. Epine dorsale, à partir de la sixième vertèbre dorsale jusqu'au coccyx, tiers postérieur de la crête iliaque, trois dernières côtes.

I. ext. De cette vaste ligne, ses fibres convergent en éventail pour s'insérer, par un tendon, à la coulisse bicipitale.

A *Point fixe vertébral.* — Il porte l'humérus en bas, en dedans et en arrière (*ani tersor*).

Lorsque le bras est élevé et écarté du tronc, il l'abaisse et le porte en arrière.

Point fixe huméral. — Il soulève le corps tout entier (grimper) ou seulement les côtes (inspiration forcée). Ce muscle forme le *bord postérieur* de l'aisselle.

Au-dessous de cette grande masse musculaire (trapèze et grand dorsal) qui recouvre toute la colonne vertébrale, nous trouvons plusieurs muscles, dont les plus intéressants peuvent être ainsi classés :

a) En haut, les muscles *proprement dits de la nuque.*

b) Plus bas et les recouvrant en partie, les *muscles fixateurs* de l'omoplate en arrière : *rhomboïde* et *angulaire* de l'*omoplate.*

c) Au-dessous de tous ces muscles et occupant toute l'étendue des gouttières vertébrales, les *muscles des gouttières vertébrales* ou *spinaux postérieurs.*

a) **Muscles proprement dits de la nuque** (fig. 36). — Les muscles de la nuque sont au nombre de huit; les plus importants sont : *le grand complexus* (muscle large et épais), le petit *complexus* et le *splénius.*

D'une façon générale, ces muscles s'insèrent d'une part à la colonne vertébrale sur toute la hauteur de la nuque et la partie supérieure du dos, et, d'autre part, sur l'*occipital de la tête.*

En se contractant d'un seul côté, ils agissent sur la tête et la portion supérieure du cou qu'ils renversent en arrière (extension) en les inclinant latéralement et en leur faisant subir une rotation portant la tête du même côté.

En se contractant des deux côtés, ils sont simplement extenseurs de la tête et de la colonne cervicale, car ils annulent, l'un l'autre, l'inclinaison latérale et la rotation.

Ils font donc mouvoir les articulations de l'atlas avec la tête et avec la dent de l'axis.

La tête est placée de telle façon sur la colonne vertébrale que sa partie la plus pesante se trouve en avant d'elle et que son centre de gravité passe en avant de cet appui. Les muscles de la nuque s'opposent à l'action de la pesanteur et empêchent constamment la chute de la tête en avant.

Ils renforcent, à la nuque, l'action des muscles des gouttières vertébrales et permettent d'isoler les mouvements de la tête de ceux de la colonne vertébrale.

b) **Muscles fixateurs en arrière des épaules.** — Nous avons vu que le trapèze rapprochait les deux omoplates en arrière. A cette action s'ajoute celle du *rhomboïde* et de l'*angulaire de l'omoplate.*

Rhomboïde (fig. 38). — I. s. Apophyses épineuses des cinq premières vertèbres dorsales.

I. I. La partie du bord spinal de l'omoplate située au-dessous de l'épine.

A Porte l'omoplate en dedans, tout en la faisant basculer. Dans ce mouvement, l'angle inférieur de l'omoplate est attiré en dedans tandis que le moignon de l'épaule s'abaisse. Par sa tonicité, il maintient le bord spinal appliqué contre le thorax.

Angulaire de l'omoplate (fig. 38 (4). — Situé au-dessus du précédent.

I. s. Par des faisceaux distincts, sur l'apophyse transverse des cinq premières cervicales.

I. i. La partie du bord spinal de l'omoplate situé au-dessus de l'épine.

A Il attire en haut et en dedans l'angle supérieur de l'omoplate, en même temps qu'il abaisse le moignon de l'épaule et qu'il rapproche l'angle inférieur de l'omoplate de la colonne vertébrale.

Son action est donc *synergique* de celle du rhomboïde.

c) **Muscles des gouttières vertébrales ou spinaux postérieurs.**

Les gouttières larges et profondes, situées de chaque côté de l'épine dorsale, sont comblées par trois masses musculaires excessivement importantes et ayant toutes la même direction longitudinale du sacrum à la nuque.

Deux sont situées au-dessous des muscles précédemment décrits :

Le *sacro-lombaire, ou ilio-costal,* en dehors ;

Le *long dorsal* en dedans.

Le troisième, le *transversaire épineux,* situé profondément au-dessous de ces dernières, s'applique sur les vertèbres.

I. i. Ces trois muscles se confondent en bas en une *masse commune* (le faux-filet des bouchers) s'insérant à la face postérieure du sacrum.

I. s. *du sacro-lombaire :* Il s'élève verticalement en haut et envoie une série de faisceaux qui s'insèrent sur la partie postérieure des douze côtes.

I. s. *du long dorsal :* Placé en dedans du sacro-lombaire, le muscle s'élève verticalement, parcourt toute la région dorsale en envoyant une multitude de petites languettes aux apophyses épineuses, aux apophyses transverses et aux côtes et se termine à la région cervicale.

I. s. *du transversaire épineux.* — Ce muscle situé profondément s'étend jusqu'à l'axis, envoyant des multitudes de faisceaux qui relient les apophyses transverses aux apophyses épineuses voisines (fig. 93).

A. Ces muscles sont *essentiellement extenseurs de la colonne vertébrale.* Ils la renversent en arrière et la redressent si elle est fléchie. Par leur tonicité, ils luttent constamment contre le poids des viscères qui tend constamment à incliner le corps en avant.

S'ils se contractent d'un seul côté, ils inclinent la colonne vertébrale et lui font subir un mouvement de rotation.

NOTA. — Il existe enfin une quantité de petits muscles reliant soit les apophyses transverses entre elles et dont l'action est de fixer les vertèbres solidement entre elles, soit les apophyses épineuses et contribuant à l'extension de la colonne vertébrale. La colonne vertébrale est donc riche en muscles, parce qu'elle est le pivot de tout le corps. De plus, ces muscles protègent efficacement la moelle épinière contre les chocs.

C. **Région du thorax.** — Le tronc, avons-nous dit, se compose du thorax et de l'abdomen, séparés par le muscle diaphragme.

Le thorax, composé de la colonne dorsale, des côtes et du sternum, est garni de muscles en avant et sur les côtés.

Nous étudierons donc d'abord ces muscles, puis le diaphragme.

Si nous disséquons cette région, en allant de la peau vers les poumons, nous trouvons successivement :

1° Le *Grand Pectoral* }
2° Le *Petit Pectoral* } en avant.
3° Le *Grand Dentelé*, sur les côtés.

Ces muscles prennent une large insertion sur la cage thoracique et vont aux membres supérieurs, dont ils sont moteurs.

4° Enfin des muscles, les *intercostaux*, qui bouchent les espaces intercostaux et sont moteurs des côtes.

1° **Grand Pectoral** (fig. 43). — Muscle triangulaire, large et puissant, formant un relief sur la poitrine au-dessous des mamelons et recouvrant tout le devant de la poitrine. Il est l'antagoniste du Grand Dorsal et sert à constituer le bord antérieur de l'aisselle.

I. int. Sa large ligne d'insertion occupe les deux tiers internes de la clavicule et toute l'étendue du sternum.

I. ext. De là ses fibres convergent en éventail vers un tendon qui s'insère à la lèvre antérieure de la coulisse bicipitale.

A. *Point fixe sur le thorax.* — Il rapproche le bras de la ligne médiane en le portant un peu en avant (croiser les bras). Si le bras est élevé, il l'abaisse.

Point fixe sur l'humérus. — Il élève les côtes (inspiration forcée). Dans le grimper, il élève le thorax et avec lui le reste du corps.

2° **Petit Pectoral** (fig. 40). — Situé au-dessous du précédent.

I. int. Sur les troisièmes, quatrièmes et cinquièmes côtes, en arrière des cartilages costaux par trois digitations.

I. ext. De là, ses fibres obliquent en haut et en dehors, vers un tendon qui se fixe à l'apophyse coracoïde de l'omoplate.

A *Point fixe sur le thorax.* — Il tire sur l'apophyse coracoïde et abaisse le moignon de l'épaule. L'omoplate bascule et son angle inférieur se rapproche de la colonne vertébrale.

Point fixe sur l'omoplate. — Il tire sur les côtes qu'il élève (inspirateur).

3° **Grand Dentelé** (fig. 39). — Muscle large, ainsi nommé à cause de ses dentelures en forme de digitations que l'on voit très bien chez un sujet musclé, au-dessous de l'aisselle. Il occupe la partie latérale de la poitrine.

I. antérieure. Une digitation distincte pour chacune des neuf premières côtes.

I. postérieure. Bord interne ou spinal de l'omoplate.

A *Point fixe sur le thorax.* — Il attire l'omoplate en avant, en portant en haut le moignon de l'épaule.

Antagoniste du rhomboïde et de l'angulaire.

Point fixe sur l'omoplate. — Il élève les côtes. (Inspiration forcée).

4° **Intercostaux.** — Ces muscles réunissent une côte à sa voisine et obturent ainsi toute l'étendue des espaces intercostaux. A l'état frais donc, les parois du thorax sont pleines et constituées par les côtes et les muscles. On trouve deux intercostaux entre chaque côte, l'un doublant l'autre. Les externes, obliques en bas et en avant, seraient inspirateurs. Les internes obliques, en sens contraire, seraient expirateurs.

5° **Diaphragme.** — La cage thoracique constituée par une paroi élastique, musculaire et osseuse est séparée de la cavité abdominale par le diaphragme, *large muscle en forme de dôme, à concavité tournée vers l'abdomen. Il présente* à sa partie centrale (le point le plus culminant du dôme), une large lame aponévrotique, blanc nacré, le *centre phrénique,* en forme de trèfle.

Cette aponévrose est constituée comme un véritable tendon.

De tout le pourtour de ce centre phrénique s'échappent des faisceaux musculaires qui finissent le dôme.

Le pourtour de ce dôme s'insère sur la circonférence inférieure de la cage thoracique et sur la face interne des six dernières côtes.

Ce diaphragme présente des orifices destinés au passage de l'œsophage et des vaisseaux qui se rendent dans l'abdomen.

A *Muscle inspirateur par excellence,* en agrandissant les trois diamètres (vertical, antéro-postérieur, transversal) de la poitrine.

Augmentation du diamètre vertical. — Dans le premier temps de sa contraction, la courbure du diaphragme se redresse (les fibres courbes devenant rectilignes), le centre phrénique s'abaisse en refoulant devant lui les viscères contenus dans l'abdomen, le diamètre vertical s'agrandit.

Augmentation des diamètres antéro-postérieur et transversal. — Le deuxième temps de la contraction commence quand les viscères abdominaux refoulés par le diaphragme ne peuvent plus être comprimés parce qu'ils viennent presser contre les muscles de la paroi abdominale. Le centre phrénique s'immobilise en prenant un point d'appui fixe sur les viscères ainsi comprimés. Comme ce point d'appui fixe est situé normalement plus haut que le pourtour du diaphragme, ce muscle, en continuant à se contracter, tire sur les côtes qu'il élève. Or, nous savons que *quand les côtes s'élèvent, les diamètres antéro-postérieur* et transversal augmentent.

Pour que ce deuxième temps s'effectue, *une bonne tonicité et de la solidité de la paroi abdominale sont nécessaires.*

Une ceinture abdominale relâchée se laisse distendre par les viscères comprimés, le centre phrénique prend trop bas son point d'appui et le deuxième temps de la contraction du diaphragme ne pourra s'exécuter.

Bien plus, si la ceinture abdominale est très lâche, le diaphragme deviendra expirateur dans le deuxième temps, comme sur un animal éventré. En effet, des expériences ont été faites sur des animaux préalablement éventrés, et l'on a constaté que les côtes étaient alors fortement attirées en dedans.

Nous pourons nous rendre compte, d'ores et déjà, pourquoi une ceinture abdominale tres solide est si favorable à la respiration.

Enfin, plus les articulations des côtes avec la colonne dorsale seront souples et mobiles, mieux le diaphragme exécutera son deuxième temps. D'où l'utilité de conserver la mobilité de ces articulations par une bonne gymnastique respiratoire.

D **Région de l'abdomen.** — Nous voyons sur le squelette que la partie inférieure du tronc n'est composée que de la colonne lombaire et du bassin et qu'entre le thorax et le bassin, il y a une large brèche. Ce sont les muscles de l'abdomen qui ferment cette brèche en avant et sur les côtés.

Cette brèche est nécessaire, d'une part pour permettre la flexion du tronc, et, d'autre part, pour permettre aux organes du thorax (poumons) et de l'abdomen (estomac, intestin, etc.) de se dilater quand besoin est.

L'ensemble de ces muscles forme une sorte de gouttière s'insérant sur le pourtour du thorax, sur la colonne lombaire et sur le bassin qui ferme la cavité du ventre et joue le rôle d'une sangle élastique qui maintient constamment les viscères. Aussi les a-t-on appelés *muscles de la ceinture abdominale*, ou encore *muscles de la sangle abdominale.*

Sur le vivant, la cavité abdominale en forme d'ovoïde est circonscrite par les muscles suivants :

En haut : le *diaphragme* (déjà décrit).

En bas : les *muscles du périnée*, qui ferment le bassin en bas (nous ne les décrirons pas.

Sur les côtés :	1° le grand oblique	muscles de la ceinture abdominale
	2° le petit oblique	
	3° le transverse	
En avant :	4° le grand droit	
En arrière :	5° le carré des lombes.	

1° **Grand oblique de l'abdomen.** — Large muscle aplati, situé superficiellement sur les côtés de l'abdomen à direction oblique en bas et en avant.

I. s. Huit dernières côtes.

I. i. De là, le muscle s'épanouit en un immense éventail qui se porte en bas, en avant et en dedans et dont les faisceaux inférieurs s'insèrent sur la crête iliaque ; les autres faisceaux se jettent sur une large aponévrose qui s'entrecroise avec celle du côté opposé. Cette ligne d'entrecroisement qui part de la pointe du sternum pour aboutir au pubis s'appelle : *la ligne blanche.*

A *Point fixe sur le bassin.* — Si la colonne vertébrale est immobilisée, il abaisse les côtes (expirateur) : si elle est mobile, il fléchit le thorax sur le bassin ; s'il se contracte d'un seul côté, il fait tourner le thorax en portant sa face antérieure du côté opposé.

Point fixe sur les côtes. — Il soulève le bassin et le fléchit sur les côtes.

2° **Petit oblique de l'abdomen.** — Large et aplati, il est situé au-dessous du précédent, mais il est oblique en sens contraire.

I. i. Crête iliaque.

I. s. De là, ses faisceaux divergent et forment un vaste éventail dont les faisceaux supérieurs s'insèrent sur les cartilages costaux des quatre dernières côtes et dont les autres se jettent sur une aponévrose qui s'entrecroise avec celle du côté opposé au niveau de la ligne blanche.

A Elle est analogue à celle du grand oblique, excepté pour la rotation du thorax, car le petit oblique, par sa contraction unilatérale, porte la face antérieure du thorax de son côté.

Transverse de l'abdomen. — Situé au-dessous du petit oblique, il va transversalement de la colonne vertébrale à la ligne blanche.

I. postérieure. — Face interne des six dernières côtes, colonne lombaire et crête iliaque.

I. antérieure. — De là, ses fibres se portent transversalement en avant, formant une sorte de demi-cylindre creux qui se jette sur une aponévrose s'entrecroisant, à la ligne blanche, avec celle du côté opposé.

A. Il attire les côtes en dedans (expiration) et comprime, à la manière d'une sangle, les viscères abdominaux (muscle défécateur par excellence).

Nota. — La ceinture abdominale a donc sur les côtes trois épaisseurs de muscles dont les fibres dirigées dans un sens différent s'entrecroisent et permettent une solidité plus considérable de la sangle. En somme, cette sangle peut être représentée de chaque côté par un X traversé par une barre. Ces trois muscles se jettent sur des aponévroses qui s'entrecroisent en avant de l'abdomen, au niveau de la ligne blanche avec celles du côté opposé. A ce niveau donc, la résistance serait moindre si la ceinture abdominale n'y était renforcée par un long muscle vertical : le *grand droit de l'abdomen.*

4° **Grand droit de l'abdomen.** — Large muscle rubanné allant verticalement du sternum au pubis.

I. s. Cartilages des cinquième, sixième et septième côtes et extrémité inférieure du sternum.

I. i. Pubis.

A. *Point fixe sur le bassin.* — Il abaisse les côtes (expiration) et fléchit le thorax sur le bassin.

Point fixe costal. — Il fléchit le bassin sur le thorax.

Nota. — D'une façon générale, les muscles de la ceinture abdominale sont fléchisseurs du bassin vers les côtes (antagonistes des spinaux postérieurs).

Ils sont expirateurs.

Ils aident par leur tonicité le diaphragme dans le deuxième temps de son action.

De plus, en se contractant, ils compriment les viscères et interviennent puissamment dans la défécation, l'accouchement, la miction, le vomissement, etc...

5° **Carré des lombes.** — Muscle carré, situé en avant des muscles des gouttières vertébrales, il ferme en arrière l'abdomen.

I. s. Bord inférieur de la douzième côte.

I. i. De là, ses faisceaux se dirigent en bas pour s'insérer au quart postérieur de la crête iliaque.

A *Point fixe sur le bassin.* — Il abaisse les côtes (expiration) et incline de son côté la colonne lombaire.

Point fixe sur le thorax. — Il relève le bassin de son côté.

Chapitre XIV

Récapitulation des muscles moteurs de la Tête et du Tronc

1° MUSCLES MOTEURS DE LA TÊTE. — L'articulation de l'occipital avec l'atlas permet à la tête la flexion, l'extension et des mouvements restreints et d'inclinaison latérale.

Celle de l'atlas avec l'axis permet la rotation.

Flexion

Muscles situés au cou Régions antérieures et latérales	*a*) muscles prévertébraux, *b*) sterno-cléïdo-mastoïdiens agissant ensemble.

Extension

Muscles situés à la nuque.	trapèze splénius grand et petit complexus	agissant ensemble.

Par leur contraction, ces muscles réagissent contre l'action de la pesanteur et donnent à la tête un port de fierté.

Inclinaison latérale.	trapèze splénius petit complexus sterno-cléïdo-mastoïdien	agissant isolément.

Rotation. — Elle s'exécute par l'intervention du sterno-cléïdo-mastoïdien et du trapèze d'un côté, combinée à celle des autres muscles de la nuque du côté opposé. Pour tourner la tête à gauche, on utilise le sterno-cléïdo-mastoïdien et le trapèze droits, et les muscles proprement dits de la nuque gauche.

Tous ces mouvements sont complétés par les mouvements de la colonne cervicale.

2° MUSCLES MOTEURS DE LA COLONNE VERTÉBRALE. — Les mouvements d'ensemble de la colonne vertébrale sont la flexion, l'extension, l'inclinaison latérale, la rotation.

Mouvement	Région	Muscles
Flexion	colonne cervicale	Sterno-cléïdo-mastoïdien agissant ensemble. Muscles prévertébraux.
	reste de la colonne vertébrale	Muscles de la ceinture abdominale (sauf le transverse) agissant ensemble et indirectement par l'intermédiaire des côtes.
Extension	colonne cervicale	Muscles proprement dits de la nuque agissant ensemble.
	reste de la colonne vertébrale	Muscles des gouttières vertébrales agissant ensemble.
Inclinaison latérale	colonne cervicale	Scalène agissant d'un seul côté.
	reste de la colonne vertébrale	Muscles des gouttières vertébrales. Carré des lombes. } agissant d'un seul côté.
Rotation	colonne cervicale	Muscles de la nuque agissant d'un seul côté.
	reste de la colonne vertébrale	Muscles des gouttières vertébrales se contractant d'un seul côté. Grand oblique de l'abdomen d'un côté et petit oblique du côté opposé.

Il est intéressant de constater que la colonne cervicale, la plus mobile, a des muscles moteurs qui lui sont propres.

3° MUSCLES MOTEURS DES COTES. — Les côtes peuvent s'élever (inspiration) ou s'abaisser (expiration).

L'inspiration ou l'expiration peuvent être normales ou forcées.

Les muscles de l'inspiration sont le diaphragme et tous les muscles capables de soulever les côtes, c'est-à-dire dont l'insertion se fait d'une part sur le sternum (ou sur les côtes) et d'autre part en dehors du thorax en un point plus élevé que la première. Ces muscles sont, par ailleurs, moteurs de la tête, de l'épaule ou du bras.

Inspiration normale	Diaphragme Intercostaux externes. Scalènes. Petit pectoral, quand les omoplates sont fixées.
Inspiration forcée	Sterno-cléïdo-mastoïdien. Grands dorsaux. Grands pectoraux. Grands dentelés.
Expiration normale	Purement passive.
Expiration forcée	Surtout les muscles de la ceinture abdominale qui abaissent les côtes et compriment les viscères qui, à leur tour, refoulent en haut le diaphragme. Intercostaux internes. Carré des lombes.

Chapitre XV

Muscles du membre supérieur

A RÉGION DE L'ÉPAULE. — Les muscles de cette région rattachent l'omoplate à l'humérus.

Si nous les disséquons, nous trouvons, en allant de la périphérie vers la profondeur :

1° Le *deltoïde*, muscle superficiel, visible sous la peau et embrassant la région de l'épaule à la façon d'une épaulette.

Au-dessous :

2° Le *sus-épineux*, garnissant la fosse sus-épineuse de l'omoplate.

3° Le *sous-épineux*
4° Le *petit rond*
5° Le *grand rond*
} garnissant la fosse sous-épineuse de l'omoplate.

Puis l'omoplate et au-dessous d'elle :

6. Le *sous-scapulaire*, garnissant la fosse sous-scapulaire.

1° **Deltoïde** (fig. 41 et 42). — Muscle volumineux.

I. s. Moitié externe de la clavicule, acromion et épine de l'omoplate.

I. i. De là, ses fibres convergent vers un tendon large qui s'insère sur l'humérus à l'empreinte deltoïdienne.

A Abducteur du bras *jusqu'à l'horizontale*.

Comme ses fibres sont obliques, les antérieures portent l'humérus en avant (flexion) et les postérieures le portent en arrière (extension).

2° **Sus-épineux** (fig. 45). — Muscle triangulaire et transversal.

I. int. Fosse sus-épineuse.

I. ext. De là, il se dirige transversalement vers l'humérus et va se fixer à la grosse tubérosité par un tendon.

A Auxiliaire du deltoïde et légèrement rotateur du bras en dedans.

3° **Sous-épineux** (fig. 45). — Muscle triangulaire.

I. int. Fosse sous-épineuse.

I. Ext. De là, ses fibres convergent vers un tendon aplati s'insérant à la grosse tubérosité de l'humérus au-dessous du précédent.

A Rotateur du bras en dehors.

4° **Petit rond** (fig. 45). — Muscle longeant le bord inférieur du précédent.

I. int. Moitié supérieure du bord externe (axillaire) de l'omoplate.

I. s. De là, ses fibres vont obliquement en haut et en dehors s'insérer à la grosse tubérosité de l'humérus au-dessous du précédent.

A Rotateur en dehors.

5° **Grand rond** (fig. 46). — Muscle épais.

I. i. Au dessous du petit rond sur la moitié inférieure du bord axillaire de l'omoplate.

I. s. Il se porte en haut et en dehors sur un large tendon qui s'insère sur le bord interne de la coulisse bicipitale.

A *Point fixe sur l'omoplate.* — Synergique du grand dorsal, il porte le bras en arrière et en dedans.

Point fixe sur l'humérus. — Il tire sur l'angle inférieur de l'omoplate, qu'il porte en avant et en haut.

6° **Sous-scapulaire.** — Muscle large, épais et triangulaire.

I. int. Fosse sous-scapulaire.

I. ext. Ses fibres convergent vers un tendon qui s'insère sur la petite tubérosité de l'humérus.

A *Rotateur du bras en dedans.* — Il rapproche du tronc l'humérus quand il en a été écarté.

B RÉGION DU BRAS. — Une cloison aponévrotique divise les muscles de cette région en *région antérieure* et en *région postérieure*.

Si nous disséquons la région antérieure, nous trouvons :

1° Le *biceps du bras*, muscle superficiel faisant saillie sous la peau et recouvrant :

2° Le *coraco-brachial*, en haut ;

3° Le *brachial antérieur*, en bas.

La région postérieure comprend un seul muscle :

4° Le *triceps du bras*.

1° **Biceps du bras** (fig. 46). — Muscle long, allant de l'omoplate et divisé à sa partie supérieure en deux chefs : la *longue* et la *courte* portion.

I. s. La longue portion s'insère au-dessus de la cavité glénoïde par un long tendon. Ce tendon contourne la tête de l'humérus, s'engage dans la coulisse bicipitale.

Le tendon de la *courte portion* part de l'apophyse coracoïde.

I. i. Les deux chefs se réunissent bientôt, passent devant le coude et vont s'insérer à la tubérosité bicipitale du radius.

A *Point fixe sur l'omoplate.* — Ce muscle franchit l'articulation de l'épaule, du coude et du radius avec le cubitus. Il agit donc sur ces trois articulations.

Il fléchit d'abord l'avant-bras sur le bras, puis élève le bras ; si l'avant-bras est en pronation il le remet en supination.

Point fixe sur le radius. — Il fléchit le bras sur l'avant-bras (grimper).

2° **Coraco-brachial** (fig. 47). — Muscle épais.

I. s. — Pointe de l'apophyse coracoïde.

I. i. — Milieu de l'humérus (face interne).

A Il élève le bras en le portant en avant et en dedans (flexion et adduction).

3° **Brachial antérieur** (fig. 46). — Muscle large et aplati.

I. s. — Humérus en dessous de l'empreinte deltoïdienne.

I. i. — Apophyse coronoïde du cubitus.

A Fléchisseur de l'avant-bras sur le bras et inversement.

4° **Triceps du bras** (fig. 47). — Muscle long et volumineux constitué par trois chefs qui se réunissent en bas pour prendre une insertion commune sur le cubitus.

I. s. — Les trois chefs supérieurs sont :

La *longue portion*, naissant de l'omoplate au-dessous de la cavité glénoïde ;

Le *vaste externe*, s'insérant sur la face postérieure de l'humérus, au-dessus de la gouttière de torsion.

Le *vaste interne*, s'insérant à la face postérieure de l'humérus au-dessous de la gouttière de torsion.

I. i. — Le tendon inférieur, très épais, s'insère sur l'olécrâne du cubitus.

A Extenseur de l'avant-bras sur le bras.

C. RÉGION DE L'AVANT-BRAS. — L'avant-bras est le « manche de la main » et les muscles de cette région au nombre de 20 sont principalement moteurs de la main et des doigts.

Nous les apprendrons d'une façon générale, en donnant toutefois pour mémoire leur nom *que le stagiaire ne sera pas obligé de retenir.*

L'avant-bras est divisé par des cloisons aponévrotiques en trois groupes :

Groupe antérieur.

Groupe externe.

Groupe postérieur.

1° **Groupe antérieur** (fig. 48). — Il présente trois plans de muscles superposés qui sont, en allant de la peau vers le squelette :

Plan superficiel	*Rond pronateur.* *Grand palmaire.* *Petit palmaire.* *Cubital antérieur.*
Plan moyen	*Fléchisseur superficiel des doigts.* *Long fléchisseur propre du pouce.*
Plan profond	*Fléchisseur profond des doigts.* *Carré pronateur.*

D'une façon générale, ces muscles s'insèrent en haut à l'épitrochlée, en bas par de longs tendons au radius, au carpe, au métacarpe ou aux phalanges. Ces tendons que franchissent la partie antérieure du poignet sont logés dans une large gouttière osseuse transformée en canal par un ligament annulaire antérieur. Ce canal *ostéo-fibreux* est doublé de gaines synoviales.

Ces muscles sont : soit pronateurs de l'avant-bras, soit adducteurs de la main, soit fléchisseurs de la main sur l'avant-bras, soit fléchisseurs des doigts. Comme ils s'insèrent au bras au-dessous de l'articulation du coude, quelques-uns agissent pour fléchir l'avant-bras sur le bras.

2° **Groupe externe.** — Il est constitué par les muscles *long supinateur, premier et deuxième radial externe, court supinateur.*

Ces muscles s'insèrent d'une part sur l'épicondyle, et d'autre part sur le radius et le métacarpe.

Ils sont principalement supinateurs de l'avant-bras et abducteurs de la main. Les radiaux sont extenseurs de la main sur l'avant-bras.

3° **Groupe postérieur.** — Il est divisé en deux plans :

Plan superficiel	*Extenseur commun des doigts.* *Extenseur propre du petit doigt.* *Cubital postérieur.* *Anconé.*

Plan profond { *Muscles abducteur et extenseur propre du pouce.*
Extenseur propre de l'index.

Ces muscles s'insèrent, en haut, à l'épicondyle ; en bas, par de longs tendons au métacarpe et aux doigts. Ils sont extenseurs de la main sur l'avant-bras et extenseurs des doigts. De plus, comme ils s'insèrent à l'humérus, ils peuvent étendre l'avant-bras sur le bras. Les longs tendons de la région externe et de la région postérieure glissent au niveau de la partie postérieure du poignet dans des gouttières creusées sur le radius et le cubitus et recouvertes par le ligament annulaire postérieur.

D) RÉGION DE LA MAIN. — Ces muscles, au nombre de dix-neuf, sont petits et placés sur les côtés des métacarpiens et des phalanges, qu'ils mobilisent.

On voit que les muscles de l'avant-bras et de la main sont particulièrement nombreux pour permettre à la main et aux doigts les mouvements si variés que l'existence journalière, même oisive, nécessite.

Chapitre XVI

Récapitulation des muscles moteurs du membre supérieur

Avant d'aborder la récapitulation des muscles moteurs des membres dont nous verrons l'importance gymnastique en physiologie appliquée, rappelons-nous que :

1° Les muscles qui font mouvoir un segment s'insèrent ordinairement sur le segment placé au-dessus et ils forment la masse des parties molles de ce dernier segment.

2° Les mouvements sont déterminés par la forme des articulations.

Quand un muscle franchit plusieurs articulations, il peut les mobiliser successivement.

Nous étudierons les muscles moteurs :

1° Du *moignon de l'épaule ;*

2° Du *bras ;*

3° De *l'avant-bras ;*

4° De *la main.*

1° MUSCLES MOTEURS DU MOIGNON DE L'ÉPAULE. — Ils s'insèrent d'une part sur le tronc et d'autre part sur l'omoplate et la clavicule (ces muscles ont été décrits avec ceux du tronc).

Nous savons que le moignon de l'épaule, excessivement mobile, retenu au thorax par l'extrémité interne de la clavicule, peut s'élever, s'abaisser, se projeter en arrière (en se rapprochant de l'épine dorsale) ou se projeter en avant. Ces mouvements proviennent d'une action directe sur la clavicule ou de mouvement de bascule de l'omoplate.

Muscles élévateurs	*Trapèze* par	ses faisceaux supérieurs agissant directement ;
		ses faisceaux inférieurs agissant par mouvement de bascule.
	Grand dentelé (bascule).	

Muscles abaisseurs	*Rhomboïde* (bascule). *Angulaire* (bascule). *Petit Pectoral* (action directe sur l'apophyse coracoïde). *Grand dorsal*, agissant sur l'humérus immobilisé, peut abaisser le moignon de l'épaule.
Muscles projecteurs en arrière ou fixateurs en arrière des épaules	*Rhomboïde.* *Angulaire.* *Trapèze.* *Grand Dorsal.*
Muscles projecteurs en avant	*Grand* et *Petit Pectoral.*

2° MUSCLES MOTEURS DU BRAS. — Ces muscles s'insèrent en principe à l'omoplate d'une part et à la partie supérieure de l'humérus d'autre part.

Mais il ne faut pas oublier que les deux muscles du tronc : le grand dorsal et le grand pectoral viennent s'insérer à l'humérus et sont de puissants moteurs du bras.

De même, secondairement, le *biceps*, muscle moteur de l'avant-bras, agit sur le bras.

L'articulation de l'épaule permet au bras des mouvements dans toutes les directions.

Flexion ou élévation en avant	*Deltoïde* (faisceaux antérieurs). *Coraco-brachial.* *Biceps.*
Extension ou élévation en arrière	*Deltoïde* (faisceaux postérieurs). *Grand Dorsal.* *Grand Rond.*

Abduction ou élévation latérale. — Le *deltoïde* et le *sous-épineux* élèvent le bras à l'horizontale jusqu'à ce que la tête humérale vienne buter sur l'acromion. L'élévation du bras au-dessus de cette limite résulte d'un mouvement de bascule qui porte en haut le moignon de l'épaule (grand dentelé, trapèze).

Adduction ou abaissement. — Le *grand pectoral*, le *grand dorsal* et le *sous-scapulaire*, abaissent le bras quand il a été écarté du tronc (le grand pectoral l'abaisse et le porte en avant) ; le grand dorsal l'abaisse et le porte en arrière).

Rotation en dedans	*Sous-scapulaire.* *Grand dorsal.*
Rotation en dehors	*Sous-épineux.* *Petit Rond.*

Rotation en dehors { *Sous-épineux.* *Petit rond.*

3° MUSCLES MOTEURS DE L'AVANT-BRAS. — Les muscles principaux qui contribuent aux mouvements de l'avant-bras s'insèrent au bras d'une part, et aux extrémités supérieures du radius d'autre part.

Néanmoins, les muscles moteurs de la main qui s'insèrent sur l'humérus, au-dessus de l'articulation du coude, peuvent accessoirement faire mouvoir l'avant-bras.

L'articulation du coude permet la flexion et l'extension.

Les articulations des os de l'avant-bras permettent la pronation et la supination.

Flexion. — Principalement le *biceps* et le *brachial antérieur.* Le brachial antérieur, muscle énergique, mais court, commence la flexion que le biceps, muscle long, continue.

Accessoirement. — Les muscles du groupe antérieur de l'avant-bras qui s'insèrent à l'épitrochlée.

Extension. — *Principalement : le triceps du bras. Accessoirement :* les muscles du groupe postérieur de l'avant-bras qui s'insèrent à l'épicondyle.

Pronation. — Muscles du groupe antérieur de l'avant-bras (rond pronateur, carré pronateur, grand palmaire).

Supination. — Muscles du groupe externe de l'avant-bras. Biceps.

4° MUSCLES MOTEURS DE LA MAIN ET DES DOIGTS. — Ce sont les muscles dont nous avons parlé d'une façon générale en décrivant l'avant-bras et les muscles de la main.

La main et les doigts peuvent se fléchir et s'étendre, se porter en abduction ou en adduction.

Flexion :	Groupe	antérieur	des muscles	de l'avant-bras.
Extension :	—	postérieur	—	—
Adduction :	—	antérieur	—	—
Abduction :	—	externe	—	—

Ces muscles sont très nombreux. Il y a lieu de remarquer que le pouce est mû par des muscles propres indépendants de ceux des quatre derniers doigts.

Chapitre XVII

Muscles du membre inférieur

A RÉGION DU BASSIN. — Au niveau du bassin, nous trouvons deux groupes musculaires :

1° *Un groupe interne* occupant la partie interne de l'os iliaque (dans l'intérieur de l'abdomen par conséquent), constitué par un gros muscle, le *psoas-iliaque*.

2° *Un groupe externe,* occupant de la région de la fesse, constitué par plusieurs muscles superposés, qui sont :

a) Le *grand fessier,* muscle superficiel qui les recouvre tous. Son bord inférieur circonscrit le pli de la fesse.

b) Le *moyen et le petit fessier.*

c) Les *muscles pelvi-trochantériens.*

1° **Région interne. Psoas-iliaque** (fig. 56). — Muscle volumineux divisé en portion *psoas* (le filet des animaux de boucherie) et en portion *iliaque.*

I. s. La portion psoas s'insère sur la face latérale des quatre premières vertèbres lombaires.

La portion iliaque occupe toute l'étendue de la fosse iliaque interne.

I. i. Ces deux portions sortent du bassin au-dessous de l'épine iliaque antérieure et inférieure, passent devant l'articulation de la hanche et vont s'insérer par un tendon commun au petit trochanter.

A. *Insertion supérieure fixe.* — Il fléchit la cuisse sur le bassin en lui imprimant un mouvement de rotation en dehors.

Insertion fémorale fixe. — En se contractant d'un seul côté, il fléchit le tronc en lui faisant subir également un mouvement de rotation qui porte sa face antérieure du côté opposé.

En se contractant des deux côtés, ce mouvement de rotation est annulé et il fléchit en avant le tronc et le bassin.

Dans les mouvements de flexion et d'extension, le bassin tourne autour d'un axe passant par la tête des deux fémurs : la ligne bi-fémorale.

Région de la fesse (fig. 57).

a) Grand fessier. — Muscle très volumineux en forme de losange.

I. s. Partie postérieure de la fosse iliaque externe.

I. i. Large insertion sur une crête osseuse du fémur allant du grand trochanter à la ligne âpre.

A (Station debout.) Il redresse le bassin, qui a tendance à basculer en avant sur la ligne bi-fémorale.

Point fixe sur le bassin. — Il étend le fémur et le fait tourner en dehors.

b) Moyen et petit fessiers. — Muscles larges, en éventail, situés au-dessous du précédent.

I. s. *Moyen fessier.* — Partie moyenne de la fosse iliaque externe.

Petit fessier. — Partie antérieure de la fosse iliaque externe.

I. i. Grand trochanter.

Point fixe sur le bassin. — Ils sont abducteurs et rotateurs en dedans de la cuisse.

Point fixe sur les fémurs. — (Station debout.) Ils aident le grand fessier en redressant le bassin.

c) Muscles pelvi-trochantériens. — Il existe plusieurs autres muscles situés au-dessous des précédents et s'insérant au bassin (pelvis) d'une part, et au grand trochanter d'autre part. Ces muscles sont rotateurs en dehors de la cuisse.

B RÉGION DE LA CUISSE. — Les muscles de cette région peuvent être divisés en trois groupes :

1° Groupe antérieur (extenseur);

2° Groupe interne (adducteurs);

3° Groupe postérieur (fléchisseurs).

1° **Groupe antérieur.** — Si nous disséquons cette région, nous trouvons :

a) Le muscle *couturier*, qui la traverse en diagonale.

b) Au dessous, un vaste muscle à quatre faisceaux, le *quadriceps de la cuisse, ou crural.*

a) Couturier. — Muscle long et frêle.

I. s. Épine iliaque antérieure et supérieure.

I. i. Partie interne de l'extrémité supérieure du tibia.

A Ce muscle franchit l'articulation de la hanche et celle du genou. Il fléchira donc : 1° la jambe sur la cuisse; 2° la cuisse sur le bassin. — De plus, il portera la cuisse en abduction et rotation en dehors (position des tailleurs).

b) *Quadriceps crural* (fig. 59). — On voit très bien sur l'homme plastique les trois principaux faisceaux de ce muscle; au milieu, un faisceau se rendant au bassin (*droit antérieur*); de chaque côté, deux larges faisceaux (*vaste interne* et *vaste externe*) s'insérant au fessier.

Le quatrième faisceau (*crural*) s'applique exactement sur le fémur, entre les *vastes* qui les recouvrent complètement.

Ces quatre chefs convergent en bas vers la rotule.

I. s. Le *droit antérieur* s'insère par un tendon à l'épine iliaque antérieure et inférieure.

Les *vastes interne* et *externe* s'insèrent aux faces interne et externe du fémur, de chaque côté de la ligne âpre.

Le *crural* s'insère sur la diaphyse du fémur.

I. i. Ces quatre *chefs* se réunissent par un fort tendon à la rotule. Ce tendon se continue, au-dessous de la rotule, par le tendon rotulien qui s'insère à la tubérosité antérieure du tibia.

A. C'est le muscle extenseur par excellence de la jambe sur la cuisse.

De plus, le droit antérieur qui va jusqu'au bassin fléchit la cuisse sur le bassin, ou vice-versa, le bassin sur la cuisse.

2. **Groupe interne** (fig. 58). — Ce groupe comprend plusieurs muscles, dont les plus importants à connaître sont les *trois adducteurs*, le *grand*, le *petit* et le *moyen* qui forment à la partie interne de la cuisse une masse charnue considérable.

I. s. Ces trois adducteurs s'insèrent en haut sur le pubis.

I. i. Ils divergent en éventail et vont prendre attache sur la ligne âpre. Le *grand* occupe toute l'étendue de la ligne âpre. Le *petit* s'insère à sa partie supérieure et le *moyen* à sa partie moyenne.

A. Ils sont principalement adducteurs de la cuisse et lui impriment en même temps une légère rotation en dehors.

S'ils se contractent des deux côtés, ils appliquent fortement les cuisses l'une contre l'autre (gardiens de la virginité) ou contre un corps interposé (cheval dans l'équitation).

3. **Groupe postérieur** (fig. 60). — Ce groupe est constitué par trois muscles qui sont, en allant de dehors en dedans :

Le *biceps crural*;
Le *demi-tendineux*;
Le *demi-membraneux*;

I. s. Ces muscles ont leur insertion supérieure commune au niveau de l'ischion.

I. i. En bas, ils s'écartent pour circonscrire le creux du jarret. Le biceps, qui en forme la partie externe, s'insère à l'extrémité supérieure du péroné. Le demi-tendineux et le demi-membraneux, qui en forment le bord interne, s'insèrent par deux tendons à la partie interne de l'extrémité supérieure du tibia (même insertion que le couturier).

A Ces muscles sont, en général, fléchisseurs de la jambe sur la cuisse.

Le biceps crural fléchit la jambe sur la cuisse et lui imprime une légère rotation en dehors. De plus, il étend la cuisse sur le bassin.

Le demi-tendineux et le demi-membraneux fléchissent la jambe sur la cuisse en lui faisant exécuter un léger mouvement de rotation en dedans. Secondairement, ils agissent sur la cuisse, qu'ils étendent sur le bassin. Quand ces muscles ont leur point fixé sur la jambe, ils étendent le bassin sur la cuisse et fléchissent celle-ci sur la jambe.

C RÉGION DE LA JAMBE. — Les muscles de cette région, au nombre de 14 sont plus gros et moins nombreux qu'à l'avant-bras.

Ils peuvent être divisés en trois groupes :

a) *Groupe antérieur*, situé en dehors de l'arête tibiale;

b) *Groupe externe;*

c) *Groupe postérieur.*

a) **Groupe antérieur.** — Il comprend quatre muscles, dont les principaux sont, en allant de dedans en dehors :

1° *Le jambier antérieur;*

2° *L'extenseur commun des orteils;*

3° *L'extenseur propre du gros orteil.*

Ces muscles s'insèrent à la jambe d'une part, et, par de longs tendons, au métatarse ou aux orteils d'autre part. Au cou-de-pied, ces tendons passent sous un ligament annulaire antérieur qui les maintient à la façon d'un bracelet.

1. *Jambier antérieur.* — Muscle volumineux et prismatique.

I. s. Deux tiers supérieurs de la face externe du tibia et ligament interosseux.

I. i. Son tendon inférieur vient s'attacher à l'extrémité postérieure du premier métatarsien.

A Il agit sur le pied :

1° Qu'il fléchit.

2° Qu'il rapproche de la ligne médiane.

3° Auquel il imprime une rotation en dedans.

2° EXTENSEUR COMMUN DES ORTEILS.

I. s. — Deux tiers supérieurs de la face externe du péroné et ligament interosseux.

I. i. — Son tendon inférieur, après avoir franchi le cou-de-pied, se divise en quatre portions qui s'insèrent aux quatre derniers orteils (le gros orteil ayant son extenseur propre).

A Il est extenseur des orteils, puis agit secondairement sur le pied, qu'il fléchit en le portant un peu en dehors et en lui imprimant un léger mouvement de rotation en dehors.

3° EXTENSEUR PROPRE DU GROS ORTEIL. — Muscle plus grêle que les précédents.

I. s. — Tiers moyen de la face interne du péroné et ligament interosseux.

I. i. — Gros orteil.

A Il est extenseur du gros orteil, puis il fléchit le pied en le portant en dedans avec légère rotation en dedans.

b) **Groupe externe.** — Ce groupe ne renferme que deux muscles :

1° Le *long péronier latéral,* situé superficiellement.

2° Le *court péronier latéral,* situé au-dessous.

1° *Long péronier latéral* (fig. 64).

I. s. — Deux tiers supérieurs de la face externe du péroné.

I. i. — Son tendon inférieur contourne la cheville externe qui lui sert de poulie de réflexion, traverse en diagonale la plante du pied et va se terminer à l'extrémité postérieure du premier métatarsien.

A Il étend le pied sur la jambe, en le portant en dehors (abduction) et en imprimant un mouvement de rotation en dehors.

2° *Cours péroné latéral.*

I. s. — Deux tiers inférieurs de la face externe du péroné.

I. i. — Son tendon inférieur contourne la cheville externe et se termine à l'extrémité postérieure du cinquième métatarsien.

A Muscle abducteur et rotateur en dehors du pied. Il étend le pied quand celui-ci a été fléchi.

c) **Groupe postérieur.** — Ce groupe présente deux couches.

1° Une *superficielle,* constituée principalement par trois grosses masses musculaires formant le *triceps de la jambe* et dont le tendon inférieur (tendon d'Achille) est commun.

2° Une *profonde* { *Fléchisseur commun des orteils.*
Fléchisseur propre du gros orteil.
Jambier postérieur.

1° Couche superficielle : *Triceps de la jambe.*

Les trois masses qui le constituent s'appellent les *Jumeaux* (externe et interne) formant la saillie du mollet et le *soléaire* placé au-dessous.

I. s. *Jumeaux externe et interne* aux condyles externe et interne du fémur.

Soléaire, partie supérieure du péroné et du tibia.

I. i. Ces masses musculaires s'insèrent par le tendon d'Achille (gros tendon visible sous la peau) sur le calcanéum.

A Elles étendent le pied sur la jambe.

Si le pied est fixé sur le sol, elles élèvent le talon et en même temps le membre inférieur et le corps tout entier. Ce sont donc les muscles essentiels de la marche et du saut.

2° *Couche profonde.*

a) Fléchisseur commun des orteils.

I. s. Tiers moyen de la face postérieure du tibia.

I. i. Son tendon inférieur contourne la cheville interne et se divise en quatre portions dont chacune va s'insérer aux quatre derniers orteils.

A Il fléchit d'abord les quatre derniers orteils, puis il étend le pied sur la jambe.

b) Fléchisseur propre du gros orteil.

I. s. Deux tiers inférieurs de la face postérieure du péroné.

I. i. Gros orteil.

A Il fléchit d'abord le gros orteil, puis il étend le pied sur la jambe.

c) Jambier postérieur.

Situé entre les deux muscles précédents.

I. s. Deux tiers supérieurs du ligament interosseux.

I. i. Son tendon glisse derrière la malléole interne et l'attache à la partie interne du métatarse.

A Il étend le pied sur la jambe, le porte en adduction et lui imprime une rotation en dedans.

D **Région du pied.** — Comme à la main, ils sont nombreux (20) et petits. Nous n'entrerons pas dans les détails.

Chapitre XVIII

Récapitulation des muscles moteurs du membre inférieur

A l'inverse de la ceinture scapulaire, le bassin est immobile et soudé à la colonne vertébrale. Aussi n'aurons-nous à envisager que trois groupes de muscles moteurs du membre inférieur.

1° Muscles moteurs de la cuisse.

2° Muscles moteurs de la jambe.

3° Muscles moteurs du pied.

Ces muscles sont puissants et volumineux.

1° MUSCLES MOTEURS DE LA CUISSE. — Le centre des mouvements de la cuisse se trouve à l'articulation de la hanche, qui permet des mouvements dans toutes les directions. En général, ces muscles ont leur insertion supérieure au bassin et leur insertion inférieure à l'extrémité supérieure du fémur (muscles du bassin), sauf en ce qui concerne les adducteurs qui s'insèrent sur toute l'étendue du fémur.

Les muscles moteurs de la jambe qui ont leur insertion sur l'os iliaque agissent accessoirement sur l'articulation de la hanche.

Flexion	*Psoas iliaque* principalement. Accessoirement *Couturier*. *Quadriceps crural* par son droit antérieur.
Extension	Les *trois fessiers* principalement. Accessoirement le *biceps crural*. — — *demi-tendineux*. — — *demi-membraneux*.

Le grand fessier est sollicité énergiquement dans la marche sur un plan ascendant (ascension d'un escalier, saut, action de se lever d'un siège).

Abduction	Moyen et petit fessier. Couturier accessoirement.

Lorsque le corps repose sur un de ses membres inférieurs (station banchée, deuxième temps de la marche), les moyen et petit fessier du côté opposé se contractent pour empêcher le poids du corps d'entrainer le bassin du côté du membre d'appui.

Adduction	Le groupe interne des muscles de la cuisse.
Rotation en dedans	*Moyen* et *petit fessier.* *Demi-tendineux* et *demi-membraneux* accessoirement.
Rotation en dehors	Muscles *pelvi-trochantériens.* *Psoas iliaque.* *Grand fessier.* *Adducteurs.* *Couturier.*

2· MUSCLES MOTEURS DE LA JAMBE. — Le centre des mouvements de la jambe se trouve à l'articulation du genou qui permet la flexion, l'extension et la rotation.

Flexion	*Biceps crural.* *Demi-tendineux.* *Demi-membraneux.* PRINCIPALEMENT *Couturier* accessoirement.
Extension	*Quadriceps crural.*
Rotation en dedans	*Demi-tendineux* *Demi-membraneux.*
Rotation en dehors	*Biceps crural.*

La rotation de la jambe n'est pas aussi étendue ni utile que celle de l'avant-bras; les muscles rotateurs y sont donc moins nombreux.

3· MUSCLES MOTEURS DU PIED. — Le pied peut se fléchir, s'étendre, se porter en dedans et en dehors; les mouvements de rotation lui sont en outre possibles.

Mouvement	Muscles	
Flexion	*Jambier antérieur* *Extenseur commun des orteils* *Extenseur propre du gros orteil*	C'est-à-dire groupe antérieur des muscles de la jambe.
Extension	Principalement : *Triceps de la jambe* Accessoirement : *Fléchisseur commun des orteils* *Fléchisseur propre du gros orteil* *Jambier postérieur* *Long péronier latéral*	C'est-à-dire groupe postérieur des muscles de la jambe.
Abduction	Groupe externe des muscles de la jambe.	
Adduction	*Jambier antérieur* *Jambier postérieur* Accessoirement : *Extenseur propre du gros orteil.*	
Rotation en dedans	Les muscles qui produisent l'adduction.	
Rotation en dehors	Les muscles qui produisent l'abduction.	

LE SYSTEME NERVEUX

Chapitre XIX

Anatomie du Système nerveux

1° DÉFINITION. — Le muscle ne peut se contracter sans avoir reçu une excitation et le système nerveux a pour fonction de produire l'excitant physiologique. De plus, la division du travail entraînant la formation d'organes à fonctions très différentes, le système nerveux est chargé d'établir l'harmonie parfaite entre toutes les parties du corps. C'est un admirable régulateur de leur nutrition et de leur fonctionnement. Il préside aussi à la sensibilité et est le siège des facultés intellectuelles et affectives.

2° TISSU CONSTITUTIFS DU SYSTÈME NERVEUX. — Le *tissu nerveux* présente deux éléments anatomiques primordiaux :

a) La *cellule nerveuse ;*

b) La *fibre nerveuse.*

La fibre nerveuse fait partie de la cellule, qu'elle prolonge, et ne saurait en être séparée sans dégénérer.

a) **Cellule nerveuse.** — De forme variable, étoilée et fusiforme, elle est entourée d'une enveloppe fine (dans les ganglions nerveux, par exemple) ou en est privée dans les centres nerveux. Elle comprend un protoplasma et un noyau et émet deux sortes de prolongements :

Les *prolongements protoplasmiques* terminés par un chevelu de minces arborisations et un ou plusieurs *prolongements cylindraxiles* qui sont l'origine des fibres nerveuses.

La *cellule a une coloration grise.* — Leur réunion forme la substance grise des centres nerveux.

b) **Fibre nerveuse.** — Enveloppée par une gaine qui disparaît quand la fibre entre dans les centres nerveux et est constituée essentiellement par un manche isolant, la *myéline* (matière grasse à coloration blanc nacré) entourant le cylindraxe partie essentielle de la fibre, et qui n'est que la continuation du prolongement cylindraxile. Ce cylindraxe se termine par de fines arborisations. (Ex. : la plaque motrice).

Les fibres nerveuses sont blanches : elles constituent la substance blanche des centres nerveux et les nerfs.

La cellule prolongée par la fibre forme ce qu'on appelle le *neurone* (fig. 66), unité anatomique.

De façon schématique, le système nerveux est composé par la superposition de neurones qui se relient entre eux, *non par l'union*, mais simplement *par le contact* des arborisations terminales des cylindraxes avec le fin chevelu terminal des prolongements protoplasmiques.

3° DIVISION DU SYSTÈME NERVEUX. — On considère chez l'homme deux systèmes nerveux.

A *Le système nerveux central* ou *cérébro-spinal* (fig. 67) qui donne naissance aux *nerfs périphériques* chargés d'innerver spécialement les organes des sens et les organes de la vie de relation.

B *Le système du grand sympathique* qui règle les fonctions de nutrition et de la vie organique.

A Système nerveux central

C'est un axe médian se prolongeant du crâne jusqu'au coccyx. La partie qui remplit la boîte crânienne est ovoïde et s'appelle *l'encéphale* (fig. 68), celle qui occupe le canal vertébral est allongée, arrondie et s'appelle la *moelle épinière*.

1° *Enveloppes de protection*. — Tout cet axe si bien protégé par le squelette et les masses musculaires, comme nous l'avons déjà vu, est encore enveloppé par trois membranes, les *méninges* (fig. 67) qui sont en allant de dehors en dedans :

La *dure-mère*, membrane fibreuse ;

L'*arachnoïde*, membrane séreuse ;

La *pie-mère*, membrane vasculaire.

A l'encéphale la *dure-mère*, très résistante, s'insère solidement à la boîte crânienne et envoie plusieurs prolongements dans la masse encéphalique : la *faux du cerveau*, la *tente du cervelet* et la *faux du cervelet*. Ces prolongements ont pour but d'encloisonner les différentes parties et de prévenir leur compression mutuelle.

L'*arachnoïde* est une membrane séreuse (voir au chap. de la circulation, cœur, la définition d'une membrane séreuse).

La *pie-mère* est une membrane vasculaire pénétrant dans les anfractuosités de la substance encéphalique.

Entre ces deux dernières méninges, circule le liquide *céphalo-rachidien* destiné à protéger les centres nerveux dans les chocs et à éviter la compression du cerveau qui pourrait résulter, par exemple, des battements artériels : chaque fois que les artères irriguant les centres nerveux se gonflent sous l'ondée sanguine, ce liquide s'échappe dans le canal vertébral.

2° *Encéphale.* — Il se compose du *cerveau*, du *cervelet* et de la *moelle allongée* ou *bulbe*.

Cerveau. — Ovoïde d'un poids de 1.150 grammes environ ; il occupe à peu près toute la boîte crânienne. Son volume considérable est caractéristique de l'espèce humaine et est en rapport avec le degré d'intelligence du sujet.

La faux du cerveau le partage sur la ligne médiane d'avant en arrière en deux *hémisphères* réunis à leur partie moyenne par un pont de substance blanche (fibres).

Chaque hémisphère se divise en trois *lobes* :

Frontal ;

Pariétal ;

Temporal-occipital.

Chacun de ces lobes se divise en une série de replis : les *circonvolutions*, dont le but est d'augmenter la superficie du cerveau.

De sa surface inférieure partent des nerfs crâniens qui vont se distribuer à la face et aux organes des sens.

Intérieurement, ce cerveau est creusé de quatre petites cavités, les *ventricules*, qui communiquent entre elles et sont remplies de liquide céphalo-rachidien. Si l'on pratique une coupe d'un hémisphère, on constate que sa périphérie est formée par une écorce *de substance grise* (cellules nerveuses). Sa partie intérieure est constituée par de la *substance blanche* (fibres nerveuses) dans laquelle se trouvent disséminés quelques noyaux de substance grise.

« Les fibres nerveuses de la substance blanche viennent des nerfs crâniens « et se rendent aux cellules nerveuses du cervelet, du bulbe ou de la mœlle, ou « bien font communiquer entre elles les cellules des circonvolutions des lobes « et des hémisphères. »

Toutes les parties de ce système sont donc admirablement reliées.

Cervelet. — D'un poids de 140 grammes, il se trouve situé à la partie inférieure et postérieure du cerveau, dont il est séparé par la *tente du cervelet*. Il est divisé en deux *hémisphères* par la faux du cervelet et a la forme d'un cœur de carte à jouer. Il ne présente pas de circonvolutions, mais des sillons parallèles.

Sa coupe laisse voir une écorce grise plus mince que celle du cerveau entourant une substance blanche « formée de faisceaux de fibres faisant « communiquer entre elles les cellules de l'écorce ou les faisant communiquer « avec le cerveau et le bulbe. »

Le cerveau est uni au cervelet et au bulbe par des faisceaux de fibres qui constituent l'*isthme de l'encéphale*.

Bulbe ou mœlle allongée. — En forme d'entonnoir, il représente le commencement de la mœlle. C'est une sorte de carrefour par lequel passent toutes les voies de communication (fibres nerveuses) entre le cerveau et le cervelet, d'une part, et la mœlle, d'autre part. Les faisceaux de fibres venant de la mœlle s'y entrecroisent pour la plupart, si bien que les faisceaux gauches de la mœlle deviennent droits dans le cerveau, et vice-versa.

Il est formé de substance blanche dans l'intérieur de laquelle se trouvent des centres gris.

Mœlle épinière. — C'est une longue tige située dans l'intérieur du canal vertébral rattachée à l'encéphale par le bulbe et se divisant au niveau de la deuxième vertèbre lombaire en un faisceau de cordons nerveux : *la queue de cheval*. Entourée également de *trois méninges*, son liquide céphalo-rachidien correspond avec celui de l'encéphale. Les mouvements de la colonne vertébrale ne peuvent la comprimer, car le canal vertébral est plus large qu'elle, surtout au niveau du cou.

Elle est formée par une enveloppe de substance blanche entourant une partie centrale grise.

« Les faisceaux de fibres de la substance blanche font communiquer les « cellules de la partie droite de la mœlle avec celles de la partie gauche ou « bien celles de deux étages différents ou bien font communiquer la mœlle « avec l'encéphale. »

La mœlle est creusée en avant et en arrière sur la ligne médiane d'un *sillon*. De chaque côté de ce sillon, naissent en avant *les racines antérieures ou motrices des nerfs rachidiens* et en arrière les *racines postérieures ou sensitives* des nerfs rachidiens.

Les deux racines se réunissent à leur sortie de la mœlle pour constituer un *nerf mixte* qui sort du canal vertébral par le *trou de conjugaison*.

Nerfs périphériques. — On les divise en nerfs *crâniens* et nerfs *rachidiens*. Les nerfs crâniens (12 paires) émanent de l'encéphale et se rendent à la tête et aux organes des sens. Un nerf crânien très long, le *pneumogastrique*, est intéressant à connaître, car il se rend à tous les viscères du cou, de la poitrine et de l'abdomen.

Les nerfs rachidiens (31 paires) émanent de la moelle et se distribuent à toutes les autres parties du corps.

Tous ces nerfs sont constitués par des fibres nerveuses qui, ayant leur origine dans les cellules de l'axe centro-spinal, vont se ramifier à l'infini pour innerver toutes les parties du corps dans leur plus stricte intimité.

B) Système du grand symphatique (fig. 94).

C'est un chapelet double situé de chaque côté de la colonne vertébrale en avant. Les renflements du chapelet constituent les *ganglions nerveux* ou agglomération de cellules nerveuses.

Il s'étend de la tête au bassin et communique avec l'axe cérébro-spinal par de nombreux filets nerveux.

Il envoie des filets nerveux à tous les organes de la vie végétative (digestion, respiration, circulation).

En résumé, il est intéressant de retenir qu'un vaste réseau, divisé à l'infini, relie toutes les parties de l'organisme aux centres nerveux, que ces centres sont largement réunis entre eux par des fibres de communication et que tout ce système admirable est comparable à un vaste réseau télégraphique dont les nerfs seraient les fils conducteurs entourés d'un manchon isolant, tandis que les centres nerveux représenteraient les appareils d'expédition et de réception des télégrammes. Qu'une cause quelconque vienne écarter les contacts de ces appareils, le courant ne passera plus dans certains endroits, et on observera les paralysies partielles (de l'hystérie, par exemple).

Chapitre XX

Physiologie du Système nerveux

PHYSIOLOGIE GÉNÉRALE DU TISSU NERVEUX. — Comme toute cellule vivante, la cellule nerveuse munie de sa fibre est *irritable, excitable* sous l'influence d'un excitant, mais cette propriété y est exquise.

L'excitation qu'elle reçoit provoque un ébranlement moléculaire qui se propage le long de la fibre nerveuse. Le neurone a donc deux propriété physiques essentielles :

1° *L'excitabilité* ;

2° La *conductibilité*.

Excitabilité. — Le neurone, comme le muscle, réagit sous l'action des excitants mécaniques, chimiques, thermiques, électriques. Chaque appareil nerveux terminal a son excitant spécifique. Ex. : l'excitant du nerf optique est la lumière, celle du nerf auditif est le son, etc.

L'excitation reçue par les terminaisons phériphériques de certains nerfs se propage à la manière d'une onde vers les centres nerveux par les nerfs *sensitifs* ou *centripètes*, et l'ébranlement ainsi produit dans les cellules des centres se traduira par une *sensation* (froid, piqûre, chaud, etc.).

Cette excitation peut ne pas s'arrêter là et se *réfléchir* en suivant un chemin inverse, en s'éloignant des centres, par les nerfs *moteurs* ou *centrifuges* qui se termineront dans un muscle (l'excitation réfléchie produira un mouvement) ou dans une glande (elle produira une secrétion), etc.

C'est l'acte réflexe décrit plus loin.

Quelquefois, cette excitation centrifuge a l'air d'émaner spontanément des cellules des centres nerveux : c'est l'*acte volontaire*. On ignore la nature de l'excitant physiologique de la volonté.

Conductibilité. — Cette propriété réside surtout dans la fibre nerveuse. L'ébranlement moléculaire produit par une excitation se propage tout le long du cylindraxe comme une onde, l'*influx nerveux*, avec une vitesse de trente à trente-cinq mètres à la seconde chez l'homme.

Il n'y a jamais transmission de l'ébranlement d'une fibre aux fibres voisines.

De plus, *Pflüger,* se basant sur ce que la secousse musculaire est d'autant plus forte que l'excitation du nerf est partie plus loin du muscle, a émis cette hypothèse : « Que l'explosion d'énergie déterminée par l'excitation irait en augmentant, tout le long du nerf, en faisant boule de neige, c'est-à-dire en grossissant comme l'avalanche. » (*Théorie de l'avalanche.*)

Autres propriétés caractéristiques des cellules nerveuses. — D'après ce que nous connaissons de l'acte réflexe, on peut se représenter les cellules nerveuses comme les pièces de raccordement entre les fibres centripètes et centrifuges. Elles sont, en outre, un *véritable réservoir du mouvement nerveux,* inconnu dans son essence, mais qui est dégagé sous forme de *décharges nerveuses.*

Des décharges successives suffisamment rapprochées (30 à 35 par seconde) amènent la contraction musculaire; sous l'influence de la fatigue, les décharges nerveuses sont trop espacées et le *muscle tremble.*

Comme pour le muscle, l'excitabilité de la cellule nerveuse est plus sensible après une première excitation (*argument en faveur de la mise en train* dans la leçon de gymnastique).

« Enfin, les cellules nerveuses ont la propriété de reproduire de plus en « plus le mouvement, l'impression qu'elles ont subi une première fois. »

C'est ainsi qu'un mouvement compliqué (étude du piano par exemple) qui demandait tout d'abord un effort de volonté et d'attention, c'est-à-dire un *effort conscient,* devient plus facile par la répétition et arrive à se déclancher de *façon inconsciente, machinalement, automatiquement.* C'est l'*acte automatique,* inconscient, analogue à l'acte réflexe. L'éducation physique de l'homme et le dressage des animaux sont basés sur ce principe.

Nutrition du tissu nerveux. — On ignore le mode de nutrition et les actes chimiques qui se passent dans le tissu nerveux. Ils sont en rapport avec la circulation. Si on fait la ligature de l'aorte abdominale chez un animal, les membres postérieurs sont paralysés et insensibles.

Chimiquement, le tissu nerveux se compose d'eau (70 à 80 pour 100), d'albumines analogues à la myosine, d'acide phosphorique, de phosphates alcalins, de graisses (enveloppe de myéline). A la suite d'un travail intellectuel intensif, une grande quantité d'urée (produit d'oxydation des albumines) se retrouve dans les urines.

Le travail nerveux utilise donc les substances albuminoïdes, tandis que le travail musculaire se fait aux dépens des sucres et des graisses (substances ternaires).

Comme le muscle, le tissu nerveux doit se reposer pour éliminer ses déchets. Le repos des centres nerveux est le sommeil.

L'excès de travail s'y traduit par la fatigue nerveuse, cette fatigue doit être rapportées au cellules nerveuses, car on a démontré que le nerf était infatigable.

Suivant la loi de : « La fonction fait l'organe », le tissu nerveux qui ne travaille pas dégénère.

Aperçu général sur le développement et le fonctionnement du système nerveux. — Avant d'étudier la physiologie particulière des nerfs et des différentes parties de l'axe nerveux central, il est utile de connaître les variations que subit le système nerveux dans la série animale, en partant de l'être uni-cellulaire pour arriver jusqu'à l'homme. Par cette étude, nous pourrons peut-être nous rendre compte comment l'homme, à travers la sélection des temps, a pu arriver à posséder une mœlle, un bulbe, un cervelet et un cerveau.

L'organisme, qui est composé d'une cellule, a un protoplasme *irritable*, c'est-à-dire à la fois *sensible* et *contractile*. Cette cellule est donc sensitive et musculaire (fig. 95, A).

Supposons qu'une portion de ce protoplasme s'étire de façon à former deux cellules réunies par un pont de protoplasme (fig. 95, B). De ces deux cellules, l'une conserve ses rapports avec le monde extérieur pour en recueillir les impressions (cellule sensible, c. s.), l'autre, plus profonde, est contractile (cellule musculaire, c. m.).

Si on excite la cellule sensible (c. s.), l'ébranlement se propagera par la fibre (n. m.) à la cellule musculaire (c. m.), qui se contractera. Cette double cellule n'est pas hypothétique, puisqu'on la rencontre chez les méduses. Elle représente un commencement de différenciation du système nerveux.

Que cette différenciation se précise, et nous verrons apparaître entre la cellule sensible et la cellule musculaire une nouvelle cellule nerveuse (c. n., fig. 95, C), chargée d'emmagasiner l'excitation et de la transmettre à la cellule musculaire. L'excitation de la surface sensible (s) impressionnera la cellule sensible (c. s.), se transmettra par un fibre centripète (n. s.) au centre nerveux (c. n.), s'y réfléchira, et viendra par l'intermédiaire de la fibre centrifuge (n. m.) exciter la cellule musculaire (c. m.). C'est l'*acte réflexe*. La fibre centrifuge pourra se rendre à une glande aussi bien qu'à un muscle.

Supposons un être formé d'une superposition d'appareils de ce genre, des pieds au cou, c'est-à-dire dont les membres inférieurs, par exemple, soient formés d'une superposition de cellules sensibles et musculaires envoyant leurs fibres centripètes ou centrifuges dans un axe central (la mœlle) à une cellule nerveuse constituant leur représentant (le centre nerveux), et nous aurons la représentation schématique d'un être supérieur admirablement réparti au point de vue de la division du travail.

Chez l'homme, la division du travail sera plus minutieuse encore, puisque, au lieu d'une cellule nerveuse reliée aux autres cellules de l'organisme par des fibres centripètes et centrifuges, nous aurons une association d'un neurone sensitif et d'un neurone moteur. Tous les neurones sensibles ou centripètes et les neurones moteurs ou centrifuges auront donc leur centre nerveux de réflexion dans la mœlle qui sera une superposition de centres médullaires représentant les différentes parties de l'organisme.

Mais si ces centres restent isolés les uns des autres, il n'y aura pas cohésion, coordination des différentes fonctions dont la vie est le but. Par conséquent, nous verrons, dans la mœlle, des neurones faisant communiquer chaque partie d'un étage ou plusieurs étages à la fois. Pour coordonner, diriger ces centres médullaires, il faudra des centres plus haut placés, de véritables sous-directeurs commandant à plusieurs centres médullaires et reliés à eux par des neurones.

Nous les trouverons dans le bulbe et le cervelet.

Enfin, dans le cerveau, nous trouverons des centres recevant les impressions des cellules sensitives et des organes des sens, et envoyant des ordres aux organes de tête.

Nous trouverons aussi et surtout le cabinet du directeur, association de neurones recevant les renseignements des sous-directeurs et des représentants médullaires, ou bien envoyant des ordres de coordination. Ce sera le repaire de la vie consciente et intelligente.

3° **Système nerveux périphérique.** — Les nerfs *centripètes* sont :

1° Les *nerfs sensoriels,* transmettant au cerveau les sensibilités spéciales des organes des sens.

2° Les *nerfs sensitifs* transmettant la sensibilité générale.

Les *nerfs centrifuges* sont :

1° Les *nerfs moteurs,* se terminant dans les muscles striés ou lisses. — Les nerfs moteurs qui commandent aux fibres lisses des vaisseaux s'appellent les *nerfs vaso-moteurs.*

2° Les *nerfs secrétoires,* se terminant dans les glandes où elles envoient l'excitation produisant la sécrétion.

De plus, les nerfs agissent sur la nutrition des tissus qu'ils innervent. La section d'un nerf amène la dégénérescence des organes de son territoire. Les nerfs ont donc un pouvoir de nutrition appelé *pouvoir trophique.*

Enfin, non seulement les cellules envoient par les nerfs des ordres d'excitation, mais encore des ordres d'arrêt, de frein, appelés ordres d'*inhibition.* Ex. : L'excitation du nerf pneumo-gastrique amène l'arrêt ou inhibition du cœur.

4° **Mœlle épinière.** — C'est un manteau de substances blanche (fibres) entourant une partie centrale grise (cellules ou centres nerveux).

Elle reçoit tous les nerfs sensitifs du cou, du tronc et des membres à sa partie postérieure et envoie par sa partie antérieure tous les nerfs moteurs. Ces nerfs aboutissent à des cellules nerveuses ou centres empilés dans la substance grise comme des pièces de monnaie, les inférieurs correspondant à la partie inférieure du corps, les supérieurs à la partie supérieure du corps.

Ces centres communiquent par les faisceaux blancs postérieurs ou centripètes avec l'encéphale et reçoivent des ordres de cet encéphale par les faisceaux blancs antérieurs ou centrifuges.

La mœlle, comme centre nerveux, produit seulement des actes réflexes inconscients. Une expérience curieuse montre la superposition des centres dans la mœlle; si on coupe en morceaux une anguille, chaque tronçon est susceptible d'acte réflexe.

Caractères de l'acte réflexe. — 1° Il est *involontaire et inconscient*. Ex. : un grain de poussière irrite la paupière, qui se ferme *inconsciemment* et *involontairement*.

La déglutition des aliments est *involontaire*. La miction, chez l'enfant, est *involontaire* et *inconsciente*.

Il n'y a pas de conscience dans la mœlle : si on met dans l'eau une grenouille décapitée et que l'on chauffe très graduellement cette eau, la grenouille se laissera cuire sans en avoir conscience.

2° *Il est proportionnel à l'excitation.* Si on excite légèrement une patte d'une grenouille décapitée, seuls les muscles de cette patte se contracteront. Si l'excitation est plus forte (goutte d'acide), les muscles du centre opposé se contracteront également. Si elle est très forte, tous les muscles de son corps s'agiteront.

3° Il exige pour se produire, une durée variable avec l'intensité de l'excitation, mais celle-ci est toujours plus courte que pour les actes volontaires.

4° Il présente un caractère de fatalité, de déterminisme étroit qui le distingue des actes volontaires, mais cela ne l'empêche pas d'avoir, comme eux, un caractère intentionnel et d'être coordonné dans un but à atteindre. Ex. : toux, éternuement, vomissement.

5° *Il peut être enrayé par un autre réflexe.* (On peut empêcher l'éternuement en se mordant violemment la langue) et jusqu'à un certain point par le pouvoir inhibiteur du cerveau. Ce caractère forme la base de notre éducation générale. Exemple : le reflexe de la miction chez l'enfant, est involontaire. Par l'éducation, la miction devient volontaire.

6° Les actes réflexes peuvent être aussi bien médullaires que bulbaires ou cérébraux. Un acte volontaire compliqué tend par l'habitude à devenir acte automatique ou réflexe. Exemple : Par l'habitude, la marche devient un reflexe compliqué provoqué par la pression de la plante du pied sur le sol.

En clinique, on utilise les réflexes pour se rendre compte de l'intégrité des centres nerveux. Ainsi, si l'on frappe un coup sec avec le rebord de la main sur le tendon rotulien, le quadriceps de la cuisse se contractera. C'est l'acte réflexe clinique.

5° **Bulbe.** — Organe de conduction entre la moelle et l'encéphale par sa substance blanche; il est la réunion de centres nerveux par ses noyaux gris. La plupart des fibres qui le traversent s'y entrecroisent.

Ses centres ont une action de direction et de coordination s'étendant à toutes les fonctions, à l'exception des fonctions intellectuelles.

On trouve surtout dans le bulbe :

1° Le centre respiratoire;

2° Les centres de la circulation : centre modérateur cardiaque, centre des vaso-moteurs.

3° Les centres de la digestion, déglutition, secrétion des sucs digestifs.

4° Les centres de la régularisation de la chaleur animale ou *thermiques*, centre de la secrétion de la sueur.

C'est-à-dire les centres commandant aux fonctions de nutrition ou de la vie végétative. Le nerf pneumogastrique qui en part se distribue aux fonctions de nutrition.

6° **Cervelet.** — C'est au cervelet que revient surtout le rôle de coordination dans la station et la locomotion et dans les mouvements volontaires. Après la destruction d'un hémisphère cérébelleux, l'animal ne peut plus garder l'équilibre et tourne en cercle (mouvement de manège) ou sur lui-même, comme s'il était embroché.

Il est le centre de l'expression instinctive (non consciente) des émotions.

7° **Cerveau.** — Nous avons vu que toutes les fibres centripètes et centrifuges provenant de la partie du corps située au-dessous de la tête ou y allant passent par la moelle et arrivent au cerveau par la substance blanche. Le cerveau, par sa substance grise de l'écorce, reçoit les impressions des organes des sens et de la sensibilité de la tête et envoie des ordres aux muscles et glandes qui y sont contenus.

De plus, il est l'organe de la pensée et de l'intelligence. Les fonctions du cerveau sont très complexes, mais peuvent être résumées ainsi qu'il suit. (Remarquables travaux de Flechsig).

Le cerveau peut être divisé en deux zones :

1° Une zone des *centres de projection*, occupant le tiers de son écorce, qui comprend la sphère de sensibilité tactile recevant toutes les impressions enregistrées par les nerfs sensitifs de tout le corps et une *sphère de sensibilité sensorielle* pour chaque organe des sens. Cette zone est donc le point d'arrivée de toutes les fibres sensitives et sensorielles. Elle est aussi le point de départ de toutes les fibres centrifuges, allant à tous les muscles et organes. Elle est donc *sensitivo-motrice* et est, pour ainsi dire, la réunion des centres pour les réflexes d'origine cérébrale, car le cerveau est un centre de motilité réflexe.

2° Une zone des centres d'association occupant les 2/3 de son écorce, c'est-à-dire toutes les parties de l'écorce dépourvues de fibres de projection avec le reste du corps, et seulement en connexion avec les centres de projection dont elles reçoivent les avis et dont elles sont les directeurs.

C'est là que les impressions présentes ou passées sont emmagasinées (mémoire), sont associées (association des idées) et comparées entre elles (jugement). C'est de là que partent tous les ordres inhibiteurs.

Et tandis que les centres de projection président à la vie végétative ou animale, les centres d'association représentent les centres psychiques, les « organes de la pensée », de l'activité intellectuelle et morale de la volonté. Ils sont les régulateurs de notre vie morale et intellectuelle.

Ils occupent surtout les lobes frontaux, dont le développement caractérise l'intelligence du sujet.

8° **Le système du grand sympathique.** — Les ganglions de ce système sont des centres nerveux ayant la propriété élémentaire des centres médullaires et commandant par des actes réflexes aux organes de nutrition ou de la vie végétative.

Ce système n'est pas indépendant ; il est constamment contrôlé par l'axe cérébro-spinal avec lequel il est relié.

Exemple : Le grand symphatique est accélérateur du cœur, le pneumogastrique en est le modérateur.

Chapitre XXI

Les fonctions de nutrition

Nous venons d'étudier le moteur humain, c'est-à-dire les organes de locomotion ou de relation.

A ce moteur qui se transforme sans cesse, se développe et travaille, il faut du charbon, des matériaux capables d'être comburés dans son intérieur et de le régénérer.

Cette combustion intime et cette régénération perpétuelle constituent la *fonction de nutrition*. Cette fonction est préparée par les *trois grandes fonctions de nutrition* :

1° La *digestion*, chargée de recevoir les aliments et de les rendre assimilables.

2° La *respiration*, véritable cheminée d'aération chargée de puiser dans l'air l'oxygène nécessaire aux combustions et d'y reverser les produits gazeux de déchets.

3° La *circulation*, chargée de charrier vers l'intimité des tissus les aliments rendus assimilables et l'oxygène, et de ramener vers les *organes d'excrétion* les produits de déchets à l'aide d'un véhicule liquide : le *sang* et la *lymphe*.

Nous commencerons par l'étude de la circulation.

LA CIRCULATION

Anatomie élémentaire

Les phénomènes intimes de la vie sont continus, et il est nécessaire que le véhicule nourricier (sang et lymphe) soit charrié de façon continuelle vers les tissus.

Il faut donc un organe de propulsion, le *cœur*, et des canaux parfaitement clos, les *vaisseaux*, qui sont de trois sortes :

Artères ;

Veines ;

Capillaires.

Leur ensemble constitue l'*appareil circulatoire sanguin* (fig. 72).

1° **Cœur.** — Muscle creux très puissant, du volume du poing, d'un poids de 275 grammes environ chez l'adulte, il est situé dans le thorax, au-dessus du diaphragme, derrière le sternum et les cartilages costaux gauches qui le protègent à la façon d'un bouclier. Sa pointe bat au-dessous et en dedans du mamelon gauche.

Il est maintenu en place par une *membrane séreuse*, le *péricarde*, qui l'entoure à la façon d'un sac, et par les gros vaisseaux qui en partent.

D'une façon générale, une membrane séreuse peut être comparée à une enveloppe double entourant de façon hermétique le viscère à protéger. Le feuillet intérieur de cette enveloppe s'applique exactement sur le viscère (feuillet viscéral) *et le feuillet extérieur s'attache aux organes environnants* (feuillet pariétal). *Entre ces deux feuillets se trouve un liquide séreux très peu abondant. Quand le viscère ainsi entouré se meut, les deux feuillets du sac séreux glissent l'un sur l'autre et le liquide séreux facilite le mouvement.*

Conformation intérieure (fig. 73). — Il est divisé par une cloison verticale en deux parties distinctes ; le *cœur droit* et le *cœur gauche*.

Chaque portion est séparée par une cloison horizontale en deux compartiments :

1° Une supérieure : l'*oreillette* ;

2° Une inférieure : le *ventricule*,

qui communiquent ensemble par un orifice auriculo-ventriculaire. Chacun de ces orifices est muni d'une soupape à plusieurs valves formant entonnoir et dont le bord libre est relié à la paroi des ventricules par des *cordages tendineux*. Ces soupapes, appelées *valvules*, sont disposées de telle façon qu'elles se ferment sous une pression venant de bas en haut, en empêchant ainsi le sang de refluer du ventricule dans l'oreillette.

Elles ne peuvent être refoulées dans l'oreillette par la pression sanguine, car les cordages tendineux limitent leur course.

Les ventricules ont une paroi plus épaisse que les oreillettes, car leur travail est plus considérable. De même, le ventricule gauche est plus épais que le droit.

Structure du cœur. — C'est un véritable muscle à fibres striées, rouges, dont la contraction est brusque, mais *indépendante de la volonté*. Sa paroi musculaire ou *myocarde* est tapissée intérieurement dans ses moindre replis par une membrane extrêmement lisse, l'*endocarde*.

Le cœur possède des vaisseaux nourriciers spéciaux (artères, veines, lymphatiques) et un dispositif nerveux spécial chargé de le faire contracter de façon rythmée.

Vaisseaux qui aboutissent au cœur ou qui en partent (fig. 73). — Dans l'*oreillette droite* viennent s'aboucher les deux *veines caves (supérieure et inférieure)*. L'orifice de ces deux vaisseaux n'est pas muni de soupape.

Le *ventricule droit* s'ouvre dans l'*artère pulmonaire*, dont l'orifice est obturé par un soupape à trois valves en forme de bénitiers ou de nids de pigeon (fig. 74) disposés de façon à empêcher le sang de refluer de l'artère dans le ventricule.

L'oreillette gauche reçoit quatre veines pulmonaires. Leur orifice n'est pas muni de soupape.

Du ventricule gauche part l'*artère aorte*, dont l'orifice est muni de trois valvules en nid de pigeon.

2° **Artères.** — Ce sont des canaux *élastiques contractiles* destinés à charrier le sang des ventricules vers les poumons ou dans l'intimité de tous les tissus.

Structure. — Les artères sont constituées par un feutrage de fibres élastiques entrecroisées et de fibres musculaires lisses qui donnent à l'artère ses propriétés d'élasticité et de contractilité. En raison du grand nombre de leurs fibres élastiques, elles restent béantes quand elles sont sectionnées.

Les fibres élastiques diminuent au fur et à mesure que les artères deviennent plus petites, tandis que les fibres musculaires augmentent.

Les artères sont tapissées intérieurement par une membrane lisse analogue à l'endocarde, empêchant le sang de se coaguler.

Aperçu général du système artériel. — L'artère pulmonaire se divise peu après sa sortie du cœur en *artères pulmonaires droite et gauche* se rendant chacun à un poumon, où elles se divisent en ramifications de plus en plus petites.

L'*artère aorte*, en sortant du ventricule gauche, décrit une courbe en forme de *crosse* et envoie trois troncs artériels destinés à irriguer la tête et les membres supérieurs, puis elle descend le long de la colonne vertébrale, devient abdominale et envoie des vaisseaux aux viscères de l'abdomen et aux membres inférieurs.

Les ramifications les plus petites de l'arbre artériel s'appellent les *artérioles* qui baignent l'intimité des tissus et s'y continuent par les *capillaires*.

Les gros troncs artériels aussi bien que veineux sont contenus dans le thorax ou dans l'abdomen, où ils sont protégés contre les chocs et les compressions.

3° **Capillaires.** — Ce sont des vaisseaux microscopiques excessivement minces, formant un lascis très abondant dans tous les tissus. Ils servent d'intermédiaires entre les artérioles et les petites veines.

Les plus petits sont formés d'une seule couche de cellules et se laissent traverser facilement par les gaz et les globules du sang.

4° **Veines.** — Les capillaires se continuent par de petites veines ou *veinules* qui se réunissent entre elles pour former des veines à calibre de plus en plus grand. Elles sont destinées à ramener au cœur le sang des poumons et des tissus. Le sang des poumons est ramené au cœur gauche par les quatre veines pulmonaires.

Le sang de la tête et des membres supérieurs arrive au cœur droit par la *veine cave supérieure*, celui du tronc et des membres inférieurs par la *veine cave inférieure*. Il y a généralement deux veines pour une artère.

Structure. — Elle diffère de celle des artères en ce sens que les veines contiennent plus de fibres musculaires lisses et moins de fibres élastiques : voilà pourquoi elles s'aplatissent facilement quand on les sectionne.

Dans l'intérieur des grosses veines des membres, surtout aux membres inférieurs, on remarque des replis membraneux ou *valvules* en forme de nids de pigeon dont nous verrons l'action en physiologie.

Appareil circulatoire lymphatique. — La *lymphe* est charriée dans l'appareil *circulatoire lymphatique* annexé à l'appareil sanguin.

Le rôle de cet appareil est très important.

L'appareil lymphatique prend naissance dans l'intimité des tissus par de fins *capillaires lymphatiques* situés à côté des capillaires sanguins.

Ces fins vaisseaux se réunissent pour former des *vaisseaux lymphatiques* de plus en plus gros accolés aux veines correspondantes.

Ils traversent de loin en loin des renflements appelés *ganglions lymphatiques*.

Finalement, ils se déversent dans deux gros *troncs lymphatiques* collecteurs qui s'ouvent eux-mêmes dans les veines du thorax.

Ces gros troncs sont munis de valvules en forme de nids de pigeon comme les grosses veines.

Le réseau lymphatique pénètre dans la peau, dans tous les tissus, dans tous les viscères.

Les lymphatiques de l'intestin s'appellent *chylifères*, et la lymphe qu'ils renferment s'appelle le *chyle*.

Chapitre XXII

La Circulation — Physiologie

LE SANG ET LA LYMPHE. — Nos cellules vivent dans un milieu liquide intérieur constitué par le *sang* et la *lymphe*, véritables tissus liquides formés de cellules réunies par une substance interstitielle liquide.

1° **Sang.** — *a) Caractères généraux.* — Le sang est un liquide rouge : rouge vermeil quand il est artériel: rouge foncé, noir, quand il est veineux.

Il se compose d'une partie liquide ou *plasma* et d'une partie solide, les *globules*. Extrait des vaisseaux, il se coagule en masse et le *caillot*, en se rétrécissant, exprime un liquide clair et jaunâtre, le *sérum*.

La quantité totale du sang est, pour l'homme adulte, de 5 à 6 litres, soit le 1/10 ou le 1/13 du poids du corps.

b) Plasma. — Formant les 2/3 environ du sang, il contient de l'eau, des matières albuminoïdes qui donnent la fibrine et la sérine du caillot sanguin et des petites quantités de glycose, d'urée, des matières grasses, des sels (carbonates et phosphates de soude).

c) Les globules. — Ce sont :

1° *Les globules rouges ;*

2° *Les globules blancs.*

Les globules rouges sont des disques biconcaves en forme de lentilles microscopiques, élastiques et pouvant, par conséquent, se déformer pour passer dans les capillaires de diamètre plus petit que le leur.

Ils sont très nombreux (5 millions par millimètre cube). Leur substance est composée de protoplasma incolore dont les mailles sont remplies par un liquide rouge, l'*hémoglobine* (combinaison d'albumine avec du fer), qui donne au sang sa coloration spéciale.

Cette hémoglobine a la propriété remarquable d'absorber l'oxygène contenu dans l'air des poumons pour former avec lui un composé très instable, l'*oxyhémoglobine*, d'une couleur rouge vermeil, celle *du sang artérialisé*. L'oxyhémoglobine, parce que très instable, se réduit et abandonne facilement son oxygène dans les tissus.

Les globules rouges sont donc les *convoyeurs* de l'oxygène. Le sang veineux est chargé de cette hémoglobine réduite d'une couleur rouge noir.

L'oxyde de carbone qui émane de nos appareils de chauffage est dangereux, car il a également la propriété de se fixer sur l'hémoglobine pour former de la *carboxyhémoglobine*, composé très fixe et très stable qui, ne pouvant être réduit, devient inutilisable. (Dangers de l'asphyxie dûe à l'oxyde de carbone, anémie dûe aux appareils de chauffage.)

Les *globules blancs*, sphériques, incolores, pourvus d'un ou de plusieurs noyaux, sont moins nombreux que les globules rouges (1 blanc pour 400 à 1,000 rouges). Leur rôle est excessivement important dans l'organisme. Ils sont doués de mouvements (mouvements amœboïdes), car, *en présence de l'oxygène*, ils peuvent s'allonger, s'étirer, passer entre les cellules de la paroi des capillaires et aller porter dans les tissus les substances alimentaires dont ils sont imprégnés. (Voir physiologie de la circulation lymphatique).

Les globules se renouvellent fréquemment; les globules rouges ne vivent pas plus de 3 à 4 semaines et sont fabriqués et détruits dans la *moelle osseuse et la rate*.

Les globules blancs se détruisent dans les ganglions lymphatiques et dans la rate.

d) Gaz du sang. — En plus de ces éléments, le sang contient des gaz de l'air.

L'*oxygène* (O), contenu en majeure partie dans les globules rouges (un cinquième étant en dissolution dans le plasma).

L'*acide carbonique* (CO^2), contenu pour la plus grande partie dans le plasma.

L'*azote* (Az), en faible quantité dans le plasma.

Le sang artériel et le sang veineux n'ont pas la même teneur en gaz :

	O	CO^2	Az
100 cmc. de sang artériel contiennent	20 à 24 cc.	39 cc.	1 cc. 5.
— veineux —	8 à 12 cc.	46 cc.	1 cc. 5.

Le sang artériel apporte donc dans les tissus de l'oxygène, s'y charge d'acide carbonique, pour revenir au cœur à l'état de sang veineux. L'azote ne varie pas dans les deux sangs : il n'est donc pas utilisé.

2° Lymphe. — La lymphe, ou sang blanc, est un liquide analogue au sang, *moins les globules rouges*. Elle ne contient pas d'oxygène, aussi les globules blancs y sont immobiles.

Elle prend naissance dans les tissus et provient de la transsudation du plasma et des globules blancs à travers la paroi des capillaires.

On ignore de façon précise la quantité de lymphe contenue dans le corps. On l'a estimée au quart du poids du corps.

B PHYSIOLOGIE DE LA CIRCULATION.

1° **Révolution cardiaque.** — Le *cœur,* pompe foulante du sang dans les artères, a la propriété de se contracter quand le sang a rempli et *distendu* ses cavités. C'est donc un véritable réflexe qui produit la contraction du cœur ou *systole*.

On a remarqué que les deux oreillettes se contractaient d'abord simultanément *(systole auriculaire)* et que les deux ventricules entraient en systole immédiatement après *(systole ventriculaire)* puis que le cœur, obéissant à *la loi de l'alternance du repos et du travail,* se reposait pendant un laps de temps sensiblement égal à celui de son travail. Le repos du cœur s'appelle *diastole* et on donne le nom de *révolution cardiaque* à l'ensemble de la systole et de la diastole.

2° **Mécanisme de la Circulation.** — Examinons de plus près la révolution cardiaque et le cycle sanguin à travers l'organisme, en commençant par l'oreillette droite.

Le sang arrive dans l'oreillette droite par les veines caves à l'état de sang veineux. Il remplit sa cavité, la distend et quand la distension est suffisante pour exciter les fibres cardiaques et provoquer le réflexe de la systole, l'oreillette se contracte. Le sang de l'oreillette ainsi comprimé ne peut refluer en arrière, car il est poussé en avant par toute la colonne sanguine qui arrive constamment par les veines caves et est obligé de se déverser dans le ventricule droit *qui est vide*.

Celui-ci, ainsi rempli, se contracte à son tour sur la masse qu'il vient de recevoir. Cette pression a pour effet d'accoler ensemble les valves de la soupape de l'orifice auriculo-ventriculaire droit qui sont retenus, comme nous l'avons vu par les cordages tendineux. Le liquide nourricier est donc obligé de s'engager dans l'artère pulmonaire et lorsqu'il y est passé, le ventricule entre en diastole. Quand il a franchi l'orifice de l'artère pulmonaire, il ne peut revenir vers le ventricule, car les valvules en nid de pigeon de cet orifice s'accolent l'une à l'autre en l'obturant complètement. Sous la pression donnée par le ventricule droit il s'engage donc dans les divisions de l'artère pulmonaire, arrive dans les capillaires qui sillonnent le tissu des alvéoles pulmonaires où il est en contact indirectement avec l'oxygène de l'air. Il s'y débarrasse de son acide carbonique ainsi que de vapeur d'eau, se charge d'oxygène, s'artérialise et revient à l'oreillette gauche par les quatre veines pulmonaires.

Ce premier cycle parcouru entre le ventricule droit et l'oreillette gauche après avoir traversé les poumons s'appelle la *petite circulation* (fig. 75-b).

L'oreillette gauche se remplit, se distend et se contracte ; le sang est obligé de se déverser dans le ventricule gauche qui se contracte à son tour : la valvule de l'orifice auriculo-ventriculaire gauche se ferme et l'ondée sanguine franchit l'orifice de l'aorte. Elle ne peut refluer vers le cœur à cause de la disposition des valvules en nid de pigeon de cet orifice. Le sang progresse dans l'aorte, va se distribuer dans toutes les parties de l'organisme, passe dans les capillaires, abandonne son oxygène dans l'intimité des tissus, y laisse transsuder du plasma et des globules blancs chargés de matériaux de nutrition. En même temps, il se charge d'acide carbonique et des matériaux de déchets, devient rouge noir et revient sous forme de sang veineux par les veines caves à l'oreillette droite.

Ce deuxième cycle qu'il parcourt du ventricule gauche à l'oreillette droite après avoir traversé tout l'organisme s'appelle la *grande circulation* (fig. 75, B).

On voit donc que la petite circulation a pour but d'oxygéner le sang, de l'artérialiser, c'est-à-dire de produire ce que l'on appelle l'*hématose*, et de le débarrasser de ses déchets gazeux (acide carbonique et vapeur d'eau) tandis que la grande circulation apporte dans tous les tissus l'oxygène et les aliments nécessaires aux combustions et en enlève les déchets, résidus de ces combustions. Si l'on compte cinq litres et demi de sang en circulation, il en passe un litre dans la petite circulation et quatre litres et demi dans la grande circulation.

3° **Travail du cœur.** — Les oreillettes ne fournissent qu'un travail minime, celui d'envoyer le sang dans les ventricules, aussi leur paroi est plus mince que celle des ventricules. De même le ventricule gauche, chargé d'envoyer le sang à travers tout l'organisme, est plus musclé que le droit.

Le cœur bat de 70 à 75 fois par minute et produit un travail considérable dans les 24 heures, évalué approximativement à plus de 55,000 kilogrammètres.

4° **Progression du sang dans les artères.** — La force de contraction des ventricules fait progresser le sang dans les vaisseux artériels. Ce travail est facilité par l'élasticité des artères qui emmagasinent pour ainsi dire une partie de la force déployée en se laissant distendre par l'ondée sanguine et restituent cette énergie en revenant sur elles-mêmes, dès que le cœur entre en diastole. Cette dilatation est perceptible au doigt de l'expérimentateur qui appuie sur une artère superficielle et constitue le phénomène du pouls.

L'élasticité des artères ainsi sollicitée fusionne les secousses, transforme peu à peu le jet intermittent du sang en jet continu en même temps qu'elle augmente le débit du sang.

Elle facilite donc le travail du cœur.

Dans les artères, le sang est sous pression : si l'on coupe une artère, le sang gicle au loin. Cette pression diminue au fur et à mesure que l'on s'éloigne du cœur.

De même, la vitesse du sang, qui est de 20 cm. environ par seconde dans les grosses artères, diminue dans les artérioles.

Cette pression et cette vitesse sont régularisées par le système nerveux. Nous avons vu que dans les artérioles il y avait plus de fibres musculaires lisses que dans les grosses artères. Ces fibres musculaires sont resserrées par l'ordre excitateur des nerfs vaso-moteurs (*vaso-contriction*) tandis qu'elles se relâchent par l'ordre inhibiteur de ces mêmes nerfs (*vaso-dilatation*). Quand il y a vaso-contriction des artérioles, la pression augmente, la vitesse diminue, le débit du sang est ralenti et le cœur bat moins vite. Dans le cas contraire de vaso-dilatation, la pression diminue, la vitesse augmente, le débit est augmenté et le cœur bat plus vite.

Chaque fois qu'un organe (muscles, glandes, etc.) travaille, il y a vaso-dilatation de ses artérioles et plus de sang régénérateur passe dans ses mailles.

5° **Circulation capillaire.** — La circulation dans les capillaires est très lente, sa vitesse est seulement d'un millimètre par seconde en moyenne, ce qui permet au plasma et aux globules blancs de transsuder à travers la paroi de ces vaisseaux pour accomplir leur rôle de nutrition.

Le sang n'y obéit plus à l'impulsion du cœur : il s'y meut parce qu'il est poussé par derrière (*vis à tergo*).

6° **Circulation veineuse.** — Elle est plus rapide que dans les capillaires et plus lente que dans les artérioles.

Le sang n'obéit plus à l'action du cœur et y est poussé par la vis à tergo. Cette force insuffisante est secondée par l'action de la pesanteur, la contraction musculaire, les battements artériels, la respiration (voir respiration), etc.

La pesanteur, qui favorise surtout la circulation veineuse dans la partie supérieure du corps serait un obstacle gênant à la progression du sang dans les veines du membre inférieur, si la disposition spéciale des valvules en nid de pigeon de ces vaisseaux ne venait obvier à cet inconvénient, en fragmentant la colonne sanguine et en empêchant ces fragments de refluer en bas.

Chaque fois qu'une tranche sanguine, poussée vers le cœur par la vis à tergo, la contraction musculaire ou les battements artériels a franchi l'espace qui sépare deux valvules, elle ne peut redescendre, car la valvule inférieure sur laquelle elle presse ferme l'orifice du vaisseau.

Le sang remonte ainsi les échelons d'une longue échelle.

Les *varices*, qui ont surtout leur siège aux membres inférieurs, proviennent de l'insuffisance de ces valvules et d'une faiblesse de la paroi veineuse.

7° **Circulation lymphatique.** — Nous avons vu qu'une partie du sang (globules rouges excepté) franchissait les capillaires pour venir dans les mailles des tissus. La circulation lymphatique a pour but de drainer cette lymphe ainsi constituée qui n'a pas pu être reprise par les vaisseaux sanguins et de la rapporter dans le courant veineux. La circulation de la lymphe obéit aux mêmes actions que celle du sang veineux ; aussi les gros vaisseaux lymphatiques sont également munis de valvules.

Les globules blancs de la lymphe ont un triple rôle :

1° *Rôle de nutrition.* — Les intestins sont abondamment pourvus de vaisseaux lymphatiques ou *chylifères* (voir digestion). Les globules blancs y sont à l'affût de certains matériaux de nutrition, les graisses notamment, s'en emparent et les emportent dans les tissus en se faufilant par leur allongement à travers les interstices des cellules de la paroi des capillaires.

2° *Rôle de défense.* — Ils représentent un corps de police admirablement organisé et fortement armé pour la lutte. Ils ont un flair particulier qui leur permet de distinguer de loin les substances qu'ils doivent combattre.

Dès qu'une armée de microbes est signalée quelque part dans l'organisme (plaie infectée par exemple), les globules blancs accourent de toutes parts vers la région envahie, prennent leur dispositif de combat, envoient des sortes de prolongements protoplasmiques vers les microbes, les englobent et essaient de les digérer. Parfois ils meurent des poisons sécrétés par les microbes.

L'inflammation d'une plaie n'est autre que le résultat de cette lutte et le pus est formé par des globules blancs morts en combattant.

Si cette première ligne de défense est vaincue, le combat continuera dans les ganglions lymphatiques (d'où adénite de l'aisselle en cas de plaie du doigt, par exemple), qui sont de véritables corps de garde des globules blancs. Les amygdales sont analogues aux ganglions et protègent l'entrée des voies digestives et respiratoires.

Les globules blancs des chylifères protègent également l'organisme contre les microbes contenus dans l'intestin.

De cette lutte contre les microbes dépend la guérison ou la mort de l'organisme attaqué.

Après la victoire, chose curieuse, les globules sont mieux aguerris, plus disciplinés pour une nouvelle lutte avec la même espèce microbienne.

On dit alors que l'organisme est *vacciné* ou *immunisé*.

3° *Rôle de voirie.* — Ce sont aussi de laborieux agents-voyers qui débarrassent l'organisme de tous les corps étrangers (cellules vieilles, fils à ligature, etc.) les attaquant, se mettant à plusieurs si le corps étranger est trop volumineux et le digérant.

Chapitre XXIII

La Respiration

Tous les êtres vivants (végétaux et animaux) respirent, c'est-à-dire consomment de l'oxygène et rejettent de l'acide carbonique ; mais tandis que les végétaux et les animaux inférieurs, puisent directement l'oxigène dans l'air par leurs tissus, les échanges gazeux chez les animaux supérieurs se font par l'intermédiaire du sang, au niveau de l'appareil respiratoire.

ANATOMIE DE L'APPAREIL RESPIRATOIRE (fig. 79-80). — Avant d'arriver aux organes essentiels de l'hématose, l'air doit traverser :

1° **Les fosses nasales** (fig. 84), constituées par des replis nombreux d'une muqueuse *humide, chaude* parce que, richement vascularisée, siège également de l'odorat. Au contact de cette muqueuse, l'air se réchauffe, s'humidifie, s'y filtre en abandonnant ses poussières et y est contrôlé par l'odorat. Les fossses nasales sont les conduits naturels de la respiration. Il ne faut pas respirer ou tout au moins inspirer par la bouche, conduit naturel de la digestion.

L'air expiré humide et plus chaud que l'air inspiré, réchauffe et humidifie cette muqueuse.

2° **L'arrière-bouche,** carrefour où s'entrecroisent la voie respiratoire et la voie digestive (fig. 84).

3° **Le larynx** (fig. 80) conduit cartilagineux de quatre centimètres et demi de hauteur et en forme d'entonnoir.

Cet organe que nous sentons remonter quand nous avalons et dont la partie antérieure saillante, sous la peau, constitue la *pomme d'Adam*, est également l'organe de la voix, suivant la loi d'économie qui régit notre organisme.

En effet, dans l'intérieur du larynx se trouvent des cordes vocales, tendues d'avant en arrière qui, par leurs vibrations sous l'air expiré, produisent la voix.

Dans l'effort, ces cordes vocales en se tendant ferment complètement l'espace libre situé entre elles et appelé la *glotte*.

Quand nous avalons des aliments liquides ou solides, l'*épiglotte*, véritable couvercle de boîte, située à la partie supérieure du larynx, se baisse pour fermer le larynx.

4° **La trachée-artère** (fig. 80, 2), tube cylindrique de 12 cm. de longueur, situé au devant de l'œsophage et formé par la superposition d'anneaux cartilagineux, incomplets en arrière et destinés à maintenir le conduit béant.

Cet organe se divise en deux *grosses bronches*, la *droite* et la *gauche*, se rendant au poumon droit et au poumon gauche, où elles se subdivisent en bronches à calibre de plus en plus étroit, dont les dernières ramifications se terminent dans les *lobules pulmonaires*.

Le larynx, la trachée artère et les grosses bronches sont tapissés par une muqueuse garnie d'une infinité de prolongements protoplasmiques appelés *cils vibratiles*.

Ces cils sont animés d'un mouvement ondulatoire analogue à celui d'un champ d'épis de blé, sous l'action du vent.

Ces ondulations sont toujours dirigées des poumons vers l'extérieur, de façon à balayer vers la gorge les mucosités ou crachats.

5° **Poumons** (fig. 79 et 80). — Ce sont les organes essentiels de la respiration.

Au nombre de deux, ils ont la forme d'un tronc de cône à base inférieure, sont situés de chaque côté de la cavité thoracique sur laquelle ils se moulent et reposent sur le diaphragme qui les sépare de la cavité abdominale.

Ils sont divisés en *lobes*, trois pour le poumon droit, deux pour le gauche, où il semble que le cœur tient la place d'un lobe. Ces lobes se divisent en une infinité de *lobules* dans lesquels pénètrent les dernières divisions bronchiques ou bronchioles. Ces bronchioles s'y terminent par une dilatation en forme d'ampoule, dont les parois sont revêtues d'une série de logettes disposées en nid d'abeilles, les *alvéoles pulmonaires* (fig. 81). Ces alvéoles, comme les circonvolutions cérébrales, augmentent considérablement la superficie du tissu pulmonaire. Si on les déployait, on aurait une superficie de 200 mètres carrés.

Vaisseaux de l'hématose. — L'artère pulmonaire qui entre dans le poumon en même temps que la bronche se divise à l'infini et ses ramifications terminales sont contenues dans la paroi des alvéoles.

C'est à travers cette paroi que les échanges gazeux de l'hématose se font.

Le sang passe ensuite dans les ramifications de la veine pulmonaire. Si on déployait et on mettait bout à bout les capillaires sillonnant les alvéoles, on aurait une nappe sanguine de 150 mètres carrés.

On peut donc comparer les poumons à deux sacs formés d'un tissu mince, très *élastique*, très résistant, plissé en quelque sorte sur lui-même pour former une infinité de replis dans lesquels rampe un réseau serré de capillaires, offrant par conséquent au sang, véhicule des éléments de vie, le contact le plus large avec l'air extérieur.

6° **Pièvre.** — Les poumons sont enveloppés par une membrane séreuse, la *plèvre,* double enveloppe hermétique dont le feuillet visceral s'applique sur le poumon et dont le feuillet pariétal s'insère exactement sur l'extrémité du thorax. Nous en verrons l'utilité tout à l'heure.

Chapitre XXIV

La Respiration — Physiologie

L'air est alternativement attiré dans les poumons par l'*inspiration* et est rejeté à l'extérieur par l'*expiration.* Ce double mouvement est analogue à celui d'un soufflet.

1° **Vide pleural.** — Les poumons sont parfaitement élastiques, propriété due à la richesse du tissu pulmonaire en fibres élastiques.

Ils occupent tout l'espace laissé libre dans la cage thoracique par les autres organes et suivent les mouvements de cette cage parce qu'entre les deux feuillets de la plèvre il y a accolement parfait et interstice virtuel.

Toute dilatation du thorax et par conséquent de la plèvre pariétale insérée sur les parois thoraciques intérieures, aura *tendance à faire le vide dans l'espace virtuel pleural compris entre les deux feuillets de la plèvre (vide pleural).* Cette tendance au vide est compensée par la dilatation du poumon, qui est très élastique et qui, sous l'influence de la pression atmosphérique, se remplit d'air. Grâce au vide pleural, les poumons, même en expiration, sont constamment tendus en tension élastique et remplissent la cage thoracique.

Si on ouvre un espace intercostal (coup de couteau) l'air pénètre dans l'espace pleural, les poumons reviennent sur eux-mêmes et se rétractent.

2° ***Mouvements du thorax.***

A *Mécanisme de l'inspiration.* — La dilatation de la cage thoracique est le résultat d'un agrandissement de tous ses diamètres (vertical, antéro-postérieur et transversal.

L'*agrandissement du diametre vertical* (fig. 82) se fait par l'abaissement du diaphragme, qui agit à la façon d'un piston qu'on tire dans un corps de pompe (voir anatomie du diaphragme).

L'agrandissement du diamètre antéro-postérieur se fait par l'élévation des côtes qui projettent le sternum en avant (fig. 18. Voir chapitre VIII. Mouvements de la cage thoracique.)

De plus, nous avons vu que d'après la constitution anatomique des articulations costo-vertébrales, quand les côtes se relèvent, elles se portent en dehors en exécutant un mouvement de torsion autour d'un axe passant par ses deux extrémités qui porte en dehors, la convexité de sa courbure primitivement dirigée vers le bas (fig. 18), *d'ou augmentation du diamètre transversal.*

Tous les muscles capables de soulever les côtes, *muscles inspirateurs* (voir chapitre XII), augmentent les diamètres antéro-postérieur et transversal et nous avons vu que le diaphragme dans le deuxième temps de sa contraction élevait les côtes inférieures.

La cage thoracique se dilate donc dans l'inspiration, les poumons suivent le mouvement, les alvéoles pulmonaires se dilatent et le vide tend à se produire dans leur intérieur. La pression dans les poumons tend à devenir inférieure à la pression atmosphérique ; il y a donc appel d'air et l'air extérieur entre par le larynx, la trachée-artère et les bronches, béantes, à cause de leur paroi cartilagineuse.

En même temps que cette aspiration de l'air extérieur, il y a aspiration du sang dans les capillaires des alvéoles. L'air et le sang se précipitent donc au devant l'un de l'autre pour combler le vide.

B *Mécanisme de l'expiration.* — L'expiration ordinaire est purement passive. La cage thoracique, violentée par l'inspiration, revient sur elle-même ; les poumons, très élastiques, reprennent leur forme antérieure et entraînent les parois thoraciques grâce au vide pleural. L'air intérieur des poumons est donc comprimé et s'échappe à l'extérieur.

Dans l'expiration forcée, les muscles expirateurs interviennent (chap. XII).

3° **Rythme et types respiratoires.** — A l'aide de son pneumographe, Marey a mesuré et enregistré l'expansion circonférencielle du thorax (fig. 110). Il est arrivé *aux conclusions suivantes :*

1° L'inspiration et l'expiration se succèdent sans temps d'arrêt.

2° *L'expiration est plus longue que l'inspiration dans le rapport du 5 à 7.*

3° Le nombre moyen des respirations est de 16 par minute chez l'adulte au repos.

Le rythme respiratoire est beaucoup plus rapide chez l'enfant (le nouveau-né respire 44 fois par minute !).

Leur fréquence s'accroît à la suite de l'exercice musculaire (essoufflement) et diminue dans le sommeil).

4° L'homme respire surtout avec ses côtes inférieures (*type respiratoire costo-inférieur*.

La femme avec ses côtes supérieures à cause de la compression de la partie inférieure de sa poitrine par le corset (*type costo-supérieur*).

L'enfant avec son diaphragme (*type diaphragmatique*).

On voit donc que l'homme, la femme ou l'enfant prennent l'habitude de ne pas utiliser tous les moyens de ventilation. Toutes les alvéoles ne se déplissent pas ; certaines ne reçoivent pas d'air : or, le microbe de la tuberculose, qui n'aime pas l'oxygène, a une facilité très grande de se développer dans les endroits du poumon privés d'air et à ventilation insuffisante (sommet et bords du poumon).

Il est donc indispensable, pour utiliser tous les moyens de combat contre la tuberculose, de ventiler le poumon dans les moindres recoins, aussi bien au sommet qu'à la base et d'habituer les enfants et les adultes à utiliser aussi bien les côtes supérieures que les côtes inférieures et le diaphragme par une gymnastique respiratoire rationnelle.

4° **Quantité d'air expiré et inspiré.** — Cette quantité se mesure à l'aide du *spiromètre,* dont le plus pratique est celui d'*Hutchinson,* simple cloche graduée renversée sur une cuve à eau et maintenue en équilibre par un contre-poids (c'est un véritable gazomètre.)

Dans une inspiration ordinaire, nous absorbons environ un demi litre d'air et nous rejetons par l'expiration ordinaire un demi litre d'air ; c'est ce qu'on appelle l'*air courant.*

Après une inspiration ordinaire, nous pouvons faire entrer dans nos poumons un litre et demi d'air par une inspiration forcée.

C'est l'*air complémentaire.*

De même, après une expiration ordinaire et par une expiration forcée, nous expulsons un litre et demi d'air, l'*air de réserve.*

Le volume de l'air que nous rejetons par une expiration forcée, après une inspiration forcée, c'est-à-dire la somme de l'air courant, de réserve et complémentaire, forme ce qu'on appelle la *capacité respiratoire,* qui est de 3 litres et demi en moyenne.

Cette capacité vitale mesure la ventilation du poumon.

Elle varie suivant la taille des individus, suivant les dimensions du thorax.

Il y a intérêt, par une bonne éducation respiratoire, à faire entrer à chaque inspiration normale une plus grande quantité d'air (supérieure au demi-litre d'air courant) et de diminuer le nombre des respirations à la minute. *Car une forte inspiration ventile plus efficacement les poumons que deux inspirations plus petites apportant le même volume d'air* (Gréhant).

Après l'expiration forcée, si on ouvrait la poitrine, on s'apercevrait que les poumons laisseraient échapper encore un litre d'air, qu'on appelle l'*air résiduel.*

5° **Modifications de l'air respiré.** — L'air inspiré contient, sur 100 volumes, 20,8 d'oxygène, 79,2 d'azote et des traces d'acide carbonique. L'air expiré contient 16 d'oxygène, 79,2 d'azote et 4,4 d'acide carbonique.

Par conséquent, à chaque respiration, nous absorbons de l'oxygène (23 litres par heure) et nous rejetons de l'acide carbonique (21 litres par heure).

Les échanges gazeux augmentent en hiver, sous l'influence de la lumière, et diminuent pendant le sommeil.

De plus, l'air expiré est plus chaud que l'air inspiré et est saturé de vapeur d'eau. (Nous éliminons ainsi un demi-litre d'eau en 24 heures.) Il contient des traces d'hydrogène, d'ammoniaque, de gaz des marais, des substances volatiles éliminées par les poumons (ail, éther, etc).

Ainsi, à chaque inspiration, de l'oxygène est absorbé par l'hémoglobine du sang contenu dans les capillaires du poumon et de l'acide carbonique est exhalé.

Il y a donc une véritable oxydation analogue à la combustion du charbon dans un foyer.

Cette oxydation ne se passe pas dans les poumons, mais dans l'intimité des tissus où le sang apporte de l'oxygène et se charge d'acide carbonique (voir circulation).

Les tissus respirent donc, et on s'est aperçu que le tissu musculaire respirait plus, c'est-à-dire consommait plus d'oxygène et exhalait plus d'acide carbonique que le tissu nerveux, ce dernier davantage que les glandes et le tissu osseux.

Les poumons ne sont qu'une cheminée d'aération et le sang est l'intermédiaire entre l'air extérieur et les tissus.

L'oxygène, arrivé dans les tissus, peut ne pas être utilisé de suite et être emmagasiné à l'état de réserve.

En effet, si on met un morceau de muscle dans un milieu sans oxygène, dans l'azote par exemple, le muscle n'en continue pas moins, pendant un certain temps, à exhaler de l'acide carbonique.

6° **Nature des combustions intimes.** — Jusqu'à présent, nous avons dit de façon vague que des oxydations, des combustions se passaient dans les tissus et qu'elles se manifestaient par l'absorption d'oxygène et l'exhalation d'acide carbonique.

Ces combustions sont donc comparables aux combustions du charbon dans une machine à feu. Mais tout le monde s'accorde à rejeter la théorie de la combustion directe, qui demanderait dans certaines parties de la machine humaine des températures élevées, incompatibles avec la vie.

S'agit-il d'une simple oxydation ? Non, car si on injecte dans le sang une substance avide d'oxygène, comme le phosphore, cette substance reparaîtra en nature dans les urines sans être oxydée.

Les oxydations organiques sont très complexes et peuvent être comparées à des fermentations analogues à celles qui se passent dans la cuve en ébullition d'un brasseur.

Dans la cuve en ébullition du brasseur où se trouve un liquide sucré, sous l'action de *ferments*, le sucre est oxydé et il s'y forme une série de corps intermédiaires (alcool, etc.) dont le terme ultime est l'acide carbonique et l'eau. Or, l'albumine qui est brûlée dans l'organisme avant d'arriver à ce terme ultime de l'oxydation, passe par une série de corps intermédiaires (urée, acide urique, etc.).

Ces diverses étapes de l'oxydation doivent être produites par des ferments organiques et on recherche actuellement ces ferments ou *oxydases*.

7° **Régulation de la respiration.** — Ordinairement la fonction respiratoire se passe de façon réflexe et le centre de ce réflexe est le centre respiratoire bulbaire.

C'est en enfonçant un stylet entre l'occipital et l'atlas que l'on blesse ce centre, encore appelé *nœud vital* et que l'on abat, dans certains abattoirs, les animaux de boucherie.

Ce centre fonctionne de façon automatique et régularise la respiration. Quand le sang est chargé d'acide carbonique en excès, il excite ce centre nerveux et le nombre des respirations est augmenté (essoufflement, dyspnée des malades). Si au contraire le sang est riche en oxygène, le centre bulbaire envoie un ordre d'inhibition et le nombre des respirations diminue (apnée).

Le centre respiratoire est excité par le froid et la chaleur. Exemple : La douche froide produit des inspirations profondes. Il est influencé par l'excitation des nerfs sensibles du corps et surtout de la face. Exemple : Les flagellations du visage, les frictions de la poitrine rappellent les mouvements respiratoires en cas de syncope.

Il est relié aux centres de la volonté dans le cerveau. Aussi pouvons-nous arrêter volontairement notre respiration pendant un court instant, mais l'accumulation de l'acide carbonique dans le sang excite le centre bulbaire. Un salutaire besoin de respirer se produit et le réflexe respiratoire se déclanche, malgré les efforts les plus énergiques de la volonté.

Cette influence de la volonté sur la respiration a un rôle considérable en éducation physique puisque nous pouvons modérer le rythme respiratoire par une gymnastique respiratoire rationnelle.

Quand l'acide carbonique s'accumule dans le sang, ou quand l'oxygène diminue dans de notables proportions, l'asphyxie se produit et l'organisme meurt. (Asphyxie par l'acide carbonique, l'oxyde de carbone, strangulation, maladies, etc.).

Un adulte a besoin au minimum de 4 mètres cubes d'air pur par heure et autant que possible de 10 mètres cubes.

On peut arriver à s'asphyxier par sa propre respiration, d'autant plus que l'air expiré contient un poison volatil mal défini (*miasme humain*).

La vie est en danger quand l'air d'une salle contient 1/100 d'acide carbonique provenant de la respiration.

Chapitre XXV

La Digestion

1° **Aliments.** — Les principaux corps simples qui entrent dans la constitution du protoplasma sont : le carbone, l'oxygène, l'hydrogène, l'azote, le soufre, le phosphore, le sodium, le potassium, le chlore, le calcium, le fer, etc., et ces divers éléments y sont combinés de façon à former de l'eau, des sels minéraux, des substances ternaires, des substances azotées, etc.

Or, l'organisme, même au repos, perd sans cesse de ces éléments et s'use.

Quand l'usure atteint un certain degré, la sonnette d'alarme est tirée et l'organisme appauvri en eau ou en principes nutritifs éprouve les sensations de *soif* et de *faim*.

L'organisme a donc besoin de se réparer à l'aide des *aliments* qu'il puise dans les trois régimes : minéral, végétal ou animal. Ces aliments n'ont pas la constitution exacte de substances composant notre organisme et ne peuvent être *assimilés* qu'après avoir subi une transformation chimique les rendant *absorbables*.

Ces transformations se passent dans le laboratoire du *tube digestif*.

La fonction de digestion a pour but de dissoudre les aliments et de les transformer en substances absorbables et assimilables.

Aliments simples. — Ce sont les substances chimiques analogues à celles entrant dans la constitution de notre organisme.

Elles se divisent en trois catégories :

1° Les *aliments minéraux :* eau, sels (chlorure de sodium, sels de chaux, etc.).

2° Les *aliments ternaires non azotés*, composés d'oxygène, d'hydrogène et de carbone (sans azote), savoir :

Les *graisses* (combinaisons d'acides gras avec de la glycérine) animales (saindoux) ou végétales (huiles, végétaline), etc.

Les *féculents* (amidon), d'origine surtout végétale.

Les *sucres*, d'origine végétale surtout (sucre de raisin, de canne) ou d'origine animale (sucre de lait, glycogène du foie et des animaux).

3. *Les aliments quaternaires azotés ou albuminoïdes* (oxygène, hydrogène, carbone et azote). Ce sont les albumines du règne animal (albumine du blanc d'œuf, du muscle, caséine du lait) ou du règne végétal (gluten des céréales, légumine des haricots).

Substances alimentaires. — Aucun aliment simple, pris à l'exclusion de tout autre, ne peut entretenir la vie.

Ceux-ci sont réunis en *proportion inégale* dans les substances alimentaires.

L'idéal serait l'aliment *complet*, composé d'un mélange harmonieux d'aliments simples, mais l'aliment complet n'existe pas pour l'adulte.

On peut être végétarien ou carnivore, mais il ne faut pas s'en tenir à une seule catégorie d'aliments.

Le pain contient beaucoup d'amidon et pas assez d'albumine (gluten), ni de graisse.

La viande contient surtout des albumines et pas du tout de féculents.

La pomme de terre contient trop de féculents et pas assez d'albumines.

Les pois, haricots et lentilles sont les meilleurs aliments végétaux, azotés et féculents.

Les légumes verts sont très peu nourrissants, mais ils facilitent l'exonération intestinale.

2. **Anatomie et physiologie de la digestion** (fig. 83). — L'appareil digestif est un long tube de 10 mètres environ s'étendant de la bouche à l'anus.

Afin de simplifier cette étude, suivons les aliments depuis le moment où ils ont été introduits dans la bouche et étudions à chaque étape leur digestion.

1° *Digestion buccale.* — La bouche comprend deux mâchoires armées de 32 dents (dents coupantes et dents de broiement). Elle est circonscrite en avant par les lèvres, de chaque côté par les joues, en haut par le palais, en bas par la langue (où siège l'organe du goût) et le plancher de la bouche, en arrière par le voile du palais surmonté par la luette et contenant les amygdales.

De nombreuses *glandes salivaires*, dont les principales sont les *parotides*, déversent la salive dans la bouche à la suite d'une excitation réflexe (saveur des aliments, mastication, vue ou odeur d'un mets savoureux).

Les aliments sont broyés, mastiqués, divisés, ce qui facilitera l'action des sucs digestifs.

En même temps ils sont imbibés de salive qui lubrifie et ramollit le *bol alimentaire*, dissout les sels et commence la digestion d'une partie des féculents à l'aide d'un ferment spécial qui transforme l'amidon *cuit* en sucre (saccharification de l'amidon.) (De l'empois d'amidon mastiqué pendant un moment donne une saveur sucrée dans la bouche).

2° *Déglutition.* — Le bol alimentaire, bien divisé et bien humecté (il faut bien mâcher les aliments) passe dans l'arrière-bouche et descend, en vertu du mouvement réflexe de la *déglutition*, dans l'estomac par l'*œsophage*, tube de 25 centimètres situé devant la colonne vertébrale, en arrière du larynx et de la trachée-artère et garni de fibres musculaires lisses dont la contraction fait progresser le bol alimentaire; celui-ci, qui croise la voie respiratoire dans l'arrière-bouche, ne peut refluer dans les fosses nasales, car le voile du palais les obture, ni dans le larynx, car l'épinglotte se rabat et le ferme.

3° *Digestion stomachale.* — Le bol alimentaire, composé d'aliments et de salive, pénètre dans l'estomac par un orifice, le *cardia*, muni d'un muscle lisse circulaire.

L'*estomac* est une vaste poche très musclée, à fibres musculaires lisses (tripes des animaux de boucherie) située au-dessous du diaphragme et du foie et au-dessus de l'intestin. Son intérieur est tapissé d'une muqueuse garnie d'une grande quantité de petites glandes qui secrètent le suc gastrique.

L'estomac, par des mouvements incessants et lents, mallaxe les aliments; la digestion des féculents par la salive s'y continue; de plus, la *pepsine* et l'*acide chloridrique* qui forment le suc gastrique agissent simultanément sur les albumines, qu'ils commencent à transformer en albumines assimilables (*peptones*).

Le suc gastrique contient, en outre, un ferment, la *présure*, qui caille le lait.

Le bol alimentaire se transforme en une bouillie appelée *chyme*.

Il séjourne 4 à 5 heures dans l'estomac, puis franchit l'orifice de sortie, le *pylore*, (analogue au cardia) et pénètre dans l'*intestin grêle*.

4° *Digestion intestinale.* — L'intestin grêle, long tube de 7 mètres environ sur 3 centimètres de diamètre, s'étend de l'estomac au gros intestin. Il est maintenu en place ainsi que tous les viscères abdominaux par une *membrane séreuse*, le *péritoine*, destinée à favoriser les glissements.

Il contient des fibres musculaires lisses qui font progresser le chyme par des mouvements péristaltiques et est tapissé intérieurement d'une muqueuse contenant de nombreuses glandes secrétant le *suc intestinal*.

De plus, l'intestin grêle, peu après sa sortie de l'estomac, reçoit par un canal la *bile*, provenant d'une volumineuse glande, le *foie*, situé sous le diaphragme à droite et le *suc pancréatique* ou *salive de l'intestin* provenant du *pancréas* (analogue à une glande salivaire), situé derrière l'estomac.

Le *suc pancréatique* finit la digestion des aliments par trois ferments : Le premier, analogue à celui de la salive, saccharifie les amidons, même crus; le deuxième, analogue à la pepsine, change dans un milieu non acide les albumines en peptones; le troisième attaque les graisses et les rend absorbables, soit en les transformant en savon de soude soluble (*saponification*), soit en les *émulsionnant*, c'est-à-dire en les divisant en une infinité de gouttelettes microscopiques qui peuvent passer à travers les parois de l'intestin.

La *bile*, dont le rôle est complexe, neutralise le chyme, le rend sensible à l'action du suc pancréatique, émulsionne les graisses et a des propriétés antifermentescibles.

Le *suc intestinal* a une action mal définie.

Le chyme ainsi transformé devient absorbable, s'appelle le *chyle intestinal*, progresse dans l'intestin grêle, où il est en partie absorbé, et pénètre dans le *gros intestin*.

5° *Digestion dans le gros intestin.* — C'est un tube plus court (1 m. 55) et plus gros (7 cm. de diamètre) que l'intestin grêle; il en est séparé par une sorte de soupape, la *valvule iléo-cæcale*. (C'est à ce niveau que se trouve l'appendice). Le gros intestin est surtout un organe d'absorption.

Néanmoins les microbes qui y sont particulièrement nombreux digèrent à notre profit, les matériaux non attaqués.

Tout ce qui n'est pas absorbé est rejeté au dehors par la compression des intestins à l'aide du diaphragme, des muscles de la sangle abdominale et du périnée (acte de la défécation). *Une sangle abdominale solide est donc un bon agent préventif contre la constipation.*

6° *Absorption alimentaire.* — Nulle dans la bouche, elle commence dans l'estomac et est surtout considérable dans le gros intestin (les lavements alimentaires y sont facilement absorbés). Les substances alimentaires transformées traversent les parois du tube digestif par un phénomène à peu près identique à celui de l'osmose. Elles n'auraient pas pu passer si elles n'avaient pas été rendues absorbables.

Ainsi, si l'on fabrique un petit sac à l'aide d'une anse intestinale d'un poulet et qu'on le plonge dans un verre rempli d'eau pure, après l'avoir rempli d'une solution de peptone, on remarque au bout d'un certain temps que cet intestin s'est laissé traverser et que l'eau pure s'est chargée de peptone.

Au contraire, si on remplit cet appareil de blanc d'œuf, l'albumine n'en traverse pas la paroi, même après un long séjour.

Le *chyle intestinal*, composé d'un mélange de sels, de glucoses, de peptones, de savons gras ou de graisses émulsionnées est absorbé.

1° Par *voie sanguine*, à l'aide des capillaires sillonnant la paroi des intestins. Ces vaisseaux, avant de passer dans la circulation générale, sont obligés de traverser le foie; en effet, ils se collectent dans la *veine porte* (fig. 77); et celle-ci va se distribuer au foie. L'eau, les peptones et les glucoses sont absorbés par voie sanguine et *sont donc obligés de passer dans le foie*. Les peptones s'y transforment, les glucoses s'y emmagasinent sous forme de glycogène. Ces substances sortiront du foie par les vaisseaux afférents et iront se déverser dans le torrent circulatoire au fur et à mesure des besoins des organes.

Donc le foie, non seulement a un rôle digestif, mais encore il est un *magasin de réserve*. De plus, il arrête les poisons et les microbes provenant de l'intestin et qui se sont faufilés dans les capillaires, servant ainsi de filtre protecteur entre l'intestin et les tissus (le foie s'engorge dans la fièvre typhoïde. *C'est enfin un organe d'excrétion.*

2. *Par voie lymphatique.* — Les terminaisons des lymphatiques de l'intestin (*chylifères*) naissent au milieu d'une infinité de saillies en doigt de gant, les *villosités intestinales*, tapissent la muqueuse de l'intestin et lui donnent un aspect velouté. Ces chylifères absorvent les graisses émulsionnées et deviennent blanc laiteux pendant l'absorption. Nous avons vu comment le chyle de ces lymphatiques, après avoir été filtré dans les ganglions lymphatiques, va se déverser dans le courant veineux.

Les sucs digestifs, dont la perte serait fatigante pour l'organisme, ne sont pas rejetés à l'extérieur dans l'acte de défécation ; ils sont réabsorbés par le gros intestin.

Chapitre XXVI

La nutrition proprement dite

1° DÉFINITION. — La respiration, la circulation et la digestion sont les fonctions préparatoires de la nutrition proprement dite qui a pour but d'entretenir la vie des tissus et de contribuer à leur fonctionnement, à leur accroissement et à leur régénération.

2° NUTRITION DES TISSUS. — Les principes nutritifs élaborés dans le laboratoire digestif, sont absorbés par le sang dans lequel ils se dissolvent ou dans la lymphe et sont apportés par le sang dans les tissus qui les assimilent : *c'est l'acte d'assimilation*. Là, en présence de l'oxygène apporté par les globules rouges du sang, ces principes subissent des fermentations chimiques avec dégagement de chaleur. De ces sortes d'oxydations naissent des scories, des déchets qui sont apportés par le courant sanguin vers les *organes d'excrétion* chargés de les éliminer. C'est *l'acte de désassimilation*. L'organisme subit donc perpétuellement un mouvement de composition et de décomposition. La cellule est en régénération perpétuelle ; quand cette nutrition cesse, c'est la *mort*.

3° ASSIMILATION. — Avant d'être employée à la nutrition des tissus, les principes nutritifs s'y emmagasinent en partie pour constituer les *matériaux de réserve*.

Les tissus ont une réserve d'oxygène.

Les *sels* s'emmagasinent un peu partout dans l'organisme.

Les *glucoses* (sucres) s'emmagasinent sous forme de glycogène dans le foie, dans le tissu musculaire (sucre musculaire) et dans tous les tissus.

Les *graisses*, après leur absorption par les chylifères, se déposent dans le foie, sous la peau, dans les interstices des tissus où elles forment le *tissu graisseux*. Il n'est pas nécessaire d'absorber des aliments graisseux pour qu'il y ait accumulation de graisse dans l'organisme. Dans ce cas, la graisse est fabriquée aux dépens des féculents ou des albumines.

Cette réserve des principes nutritifs, surtout de ceux du travail musculaire, est importante, car les repas sont intermittents tandis que la nutrition des tissus est continue.

Les tissus prélèvent une certaine quantité de principes nutritifs suivant leurs besoins et leur travail ; le système nerveux est le grand régulateur de la nutrition (pouvoir trophique des nerfs). Le problème de la nutrition est difficile car on sait les aliments qui entrent dans la digestion et les déchets expulsés par l'organisme ; mais les actes chimiques qui se passent entre ces deux étapes sont encore bien inconnus.

4° DÉSASSIMILATION. — Les déchets provenant des fermentations organiques, de la mort des cellules ou des globules âgés sont des poisons pour l'organisme (urée, acide lactique) et le sang est chargé de balayer ces tissus et de les transporter vers les organes d'excrétion.

Les *substances ternaires* donnent par une série de fermentations successives l'*acide lactique* (acide lactique du muscle en travail) et, comme produit ultime, l'acide carbonique et la vapeur d'eau.

Les *graisses* se dédoublent en acides gras et en glycérine et finalement s'oxydent en formant de l'acide carbonique et de l'eau. *Les graisses se brûlent facilement et se décomposent très rapidement aussi sont-elles le meilleur aliment de l'hiver.*

Avec les substances ternaires, elles constituent le meilleur charbon du travail musculaire.

Les *albumines* se transforment en acide urique, urée, etc., et finalement en acide carbonique et en eau. Les albumines sont le meilleur aliment du travail intellectuel.

5° ORGANES D'EXCRÉTION.

Poumons. — Ils éliminent les déchets gazeux et principalement la vapeur d'eau (500 grammes en 24 heures), l'acide carbonique (21 litres par heure).

Reins (fig. 85). — Ils éliminent l'urine. En forme de haricots, les *reins* ou rognons sont au nombre de deux, situés de chaque côté de la colonne lombaire dans la cavité abdominale. L'urine y est excrétée, se dirige par les *uretères* dans un réservoir situé derrière le pubis, la *vessie* reliée à l'extérieur par le canal de l'urètre qui est contenu dans la verge. L'urine éliminée (1 litre 1/2 par 24 heures) contient de l'eau, de l'urée, de l'acide urique, des sels et des déchets nombreux. C'est un liquide toxique, surtout après un grand exercice musculaire. Un homme qui ne peut uriner s'empoisonne en 48 heures.

Peau. — Elle élimine la *sueur* (1 litre par jour).

La peau, enveloppe élastique du *corps*, comprend une couche superficielle de revêtement, l'*épiderme*, garni de poils et de duvets, et une couche profonde, le *derme*, contenant deux millions au moins de glandes sudoripares, de glandes sébacées, ainsi que les fines terminaisons des nerfs sensitifs. Un tissu cellulo-graisseux matelasse la peau.

La sueur élaborée dans les glandes sudoripares sous l'action des nerfs vaso-dilatateurs de la peau, est de l'urine diluée, toxique. Quand nous transpirons beaucoup, nous urinons moins.

La peau *respire*, élimine de l'acide carbonique et absorbe de l'oxygène.

Les glandes sébacées éliminent une partie de la graisse, sous forme d'une matière grasse, le *sébum*, lubréfiant les poils, sorte d'enduit protecteur de la peau.

La peau est en outre l'organe du tact.

Si on supprime les fonctions de la peau en vernissant la peau d'un animal ce dernier meurt empoisonné en huit jours.

Foie. — Le foie, dont nous avons vu les multiples fonctions, est aussi un organe d'excrétion.

Il détruit les globules rouges et les élimine par la bile en même temps que les résidus des albumines et des graisses. Le foie élabore une partie de l'urée.

Intestins. — Ils éliminent de nombreux déchets. La constipation opiniâtre (rétention de la bile et des matières fécales) amène l'empoisonnement de l'individu.

6° RATION ALIMENTAIRE D'ENTRETIEN. — Chaque jour un adulte au repos perd environ 300 grammes de sa chair ou d'autres composés albuminoïdes (sang, tissus), il brûle une partie de ses graisses et du sucre des aliments ou de ses organes, dont la valeur énergétique est d'environ 2,300 calories. Il perd près de 3 litres d'eau (1,500 grammes par les urines, 500 grammes par les poumons, 1,000 grammes par la peau) et rejette de 22 à 23 grammes de sels minéraux.

Sa ration d'entretien doit donc réparer les pertes et elle a été évaluée à :

1° 3 litres d'eau (dont une partie est fournie par les aliments).

2° 10 grammes de sel marin (ajouté aux aliments qui contiennent déjà du sel.

3° 107 grammes d'albumine.

4° 64 grammes de graisses.

5° 407 grammes de substances ternaires.

En se basant sur ces chiffres obtenus par de longues expérimentations (A. Gautier), voici quel peut être le menu d'un adulte au repos.

ALIMENTS	POIDS PAR JOUR	PRINCIPES ALIMENTAIRES		
		ALBUMINE	GRAISSES	Sub. ternaires
Pain.	400 g.	32 g.	4 g.	200 g.
Viande.	150 g.	30 g.	3 g.	»
Œufs	100 g.	16 g.	12 g.	»
Lait.	100 g.	4 g.	4 g.	4 g.
Légumes secs . .	100 g.	20 g.	1 g.	57 g.
Pommes de terre .	200 g.	3 g.	»	40 g.
Corps gras . . .	50 g.	»	40 g.	»
Sucre	31 g.	»	»	29 g.
Alcool 1/2 litre vin à 9°	45 g.	»	»	80 g. (1)
Total.		105 g.	64 g.	410 g.

(1) Compté comme sucre.

Cette ration qui représente une quantité d'énergie évaluée à 2,850 calories, *ne correspond qu'à un travail modéré ou nul.*

La ration moyenne de l'homme représente 130 gr. d'albumine, 84 gr. de graisses et 404 gr. de féculents.

La ration de travail doit comporter un supplément d'aliments sur la ration de repos.

Pour fournir un travail de 250.000 kgr., un ouvrier des chais du midi consomme, en plus de la ration d'entretien, un supplément de :

Pain : 400 gr.
Graisse : 24 gr.
Viande : 200 gr.
Légumes frais : 200 gr.
Vin à 9° : 1 litre.

soit { Albumines : 78,5. Graisses : 35,5. Substances ternaires : 225,2.

représentant 611 calories.

La ration normale du temps de paix du soldat français représente :

Albumine 160 gr.
Graisse : 45 gr.
Substances ternaires ; 600 gr.

soit 3,306 calories utilisables.

Si l'assimilation ou la désassimilation se contrebalancent exactement chez l'adulte, l'enfant qui se forme, se développe et s'accroît doit emporter par son assimilation sur sa désassimilation. Les recettes, chez lui, doivent être supérieures aux dépenses.

Chapitre XXVII

La chaleur animale

Les réactions chimiques qui se passent dans les tissus de l'organisme humain s'accompagnent de dégagement de chaleur et l'homme est source de chaleur.

Quelque soient les variations de température extérieure ou les dégagements de chaleur intra-organique, la température du corps reste constante. Et pourtant un homme adulte de 70 kg. dégage pendant une heure une quantité de chaleur susceptible de faire bouillir un litre d'eau.

Si elle était emmagasinée dans les tissus, elle serait incompatible avec la vie ; la cellule ne peut vivre à 45° et grâce a un ingénieux mécanisme régulateur, la température du corps reste constante et varie entre 36·5 et 37·5, que l'homme soit au Pôle Nord ou à l'Equateur.

1° **Production de la chaleur.** — La chaleur des actes chimiques se répartit dans tout l'organisme par le sang et l'appareil circulatoire joue le rôle d'un véritable calorifère à eau chaude.

La source principale de la chaleur est dans les muscles, qui représentent les 3/7 de notre corps.

D'ailleurs, sous l'influence de l'activité musculaire, la température du corps peut s'élever d'un demi degré et tendre vers 38°.

L'activité de tous les organes produit également de la chaleur : le travail intellectuel, l'activité glandulaire élèvent la température du corps.

2° **Déperdition de la chaleur.** — La surface cutanée, qui représente une superficie de deux mètres carrés, perd la chaleur par *rayonnement* et *conductibilité*, quand la température ambiante est plus froide que celle du corps, et aussi par évaporation cutanée. L'alimentation froide est une cause de déperdition de la chaleur.

La respiration pulmonaire est une cause de déperdition de la chaleur par rayonnement et par évaporation.

La déperdition de la chaleur est en rapport avec la taille.

3° **Régulation de la température.** — Les tuyaux du calorifère sanguin sont pourvus de robinets, les nerfs vaso-moteurs, qui en augmentent le débit (vaso-dilatation) ou le diminuent au contraire (vaso-constriction), obéissant à l'action d'un chauffeur, les *centres nerveux* thermiques.

Quand le débit du sang est augmenté dans une partie de l'individu, les combustions y sont accrues et la chaleur s'accroît.

Pour bien comprendre le mécanisme régulateur de la chaleur, il faut s'imaginer que le calorifère sanguin est formé par deux réseaux de tuyaux : un réseau superficiel, représenté par les innombrables capillaires de la peau sur toute la surface du corps, et un réseau profond baignant l'intimité des tissus.

De nombreux vaisseaux font communiquer ces deux réseaux actionnés par les nerfs vaso-moteurs.

Lutte contre la chaleur. — Sous l'influence de la chaleur extérieure ou de la chaleur intérieure, les centres thermiques, excités, produisent la vaso-dilatation du réseau cutané. Une plus grande quantité de sang passe sous la peau et perd de sa chaleur par *rayonnement*, et cela d'autant plus que la chaleur excite le centre accélérateur cardiaque : le cœur bat plus vite et une plus grande quantité de sang passe sous la peau.

La peau se congestionne et l'on sait que chaque fois qu'il y a congestion dans un organe, le travail cellulaire y est plus intense.

Donc, les organes de la peau fonctionnent activement, les glandes sudoripares, congestionnées, excrètent la *sueur* qui, par son *évaporation*, refroidit le corps. Deux jeunes filles ont pu supporter pendant plus d'un quart d'heure une température de 130 degrés dans un four. Pour que l'évaporation remplisse son rôle réfrigérant, il est nécessaire que l'air ne soit pas humide et le coup de chaleur se produit dans une atmosphère relativement peu chaude, mais humide.

Enfin, l'impression de chaleur accélère les respirations et le refroidissement dû à l'évaporation pulmonaire est plus actif. Le chien, qui ne transpire pas, a une respiration haletante quand il a chaud.

5° **Lutte contre le froid.** — L'impression du froid produit la vaso-constriction de la peau : on a la chair de poule. Le sang arrive en moins grande quantité sous la peau, d'où moindre déperdition de chaleur par rayonnement : il reflue dans le réseau profond. Cette congestion interne détermine une activité plus grande des combustions et une augmentation de la chaleur intérieure. Les muscles se contractent involontairement, on frissonne et le travail musculaire du frisson produit de la chaleur.

De plus, le vernis sébacé, la présence des poils, le tissu graisseux sous-cutané (on engraisse en hiver) protègent le corps contre la déperdition de chaleur.

Enfin, à côté de cette lutte involontaire, nous *luttons volontairement* contre le froid :

1° Par les vêtements ;

2° Par l'alimentation riche en graisses ;

3° Par l'*exercice musculaire*, principale source de chaleur.

Conclusions

L'homme est donc un moteur. Comme tout moteur mécanique, il possède une charpente osseuse : les leviers osseux du *squelette*.

Ces leviers sont joints par les *articulations* convenablement huilées. Les *muscles*, actionnés par les *nerfs*, sont les organes moteurs de ces leviers, et les *tendons* les courroies de transmission.

Cette machine obéit à l'action du mécanicien-chef, *la volonté*, secondé par des contremaîtres expérimentés, mais inconscients : *les centres nerveux réflexes ou automatiques*.

La force qui fait marcher cette machine, analogue à la force d'expansion d'un moteur à vapeur, a son origine dans la combustion du charbon : *les aliments*, à l'aide de l'oxygène pris dans la cheminée d'aération, les *poumons*.

Une partie de ce charbon s'emmagasine dans les *tissus de réserve*, véritables tenders de la locomotive humaine.

Les déchets de la combustion du charbon, les cendres, les gaz sont évacués par les organes d'excrétion.

« Tout est prévu dans cette machine, jusqu'au tirage, jusqu'à la régulation de l'appel d'air et de la chaleur. »

Cette machine est composée de millions d'êtres vivants, les *cellules*, donnant l'exemple de la plus absolue solidarité, de la plus parfaite division du travail, du collectivisme le plus idéal.

C'est un moteur idéal qui, par la diversité et la mobilité de ses pièces, réalise des effets mécaniques à l'infini et s'adapte aux circonstances extérieures à l'inverse du moteur ordinaire.

Les matériaux qui composent un moteur mécanique s'usent : le moteur humain s'use constamment, mais se répare lui-même par une régénération constante de ses tissus, ininterrompue depuis la fécondation de l'ovule jusqu'à la mort.

Fonctions de nutrition et *fonctions de relation* sont intimement liées entre elles par des rameaux divisés à l'infini de *l'arbre circulatoire* et de *l'arbre nerveux*. Leur bon fonctionnement est solidaire l'un de l'autre.

Fonctions de relation et fonctions de nutrition s'y donnent étroitement la main pour un but commun : la Vie.

www.ingramcontent.com/pod-product-compliance
Lightning Source LLC
LaVergne TN
LVHW012016220826
846092LV00001B/372

9782329756196